创，赢未来

——“互联网+”时代的创业真经

史旭栋◎著

北京工业大学出版社

图书在版编目（CIP）数据

创，赢未来："互联网 +"时代的创业真经 / 史旭栋著. —北京：北京工业大学出版社，2017.5
ISBN 978-7-5639-5310-3

Ⅰ. ①创… Ⅱ. ①史… Ⅲ. ①创业 – 研究 – 中国 Ⅳ. ① F249.214

中国版本图书馆 CIP 数据核字（2017）第 064308 号

创，赢未来——"互联网 +"时代的创业真经

著　　者：史旭栋
责任编辑：李　杰
封面设计：国风设计
出版发行：北京工业大学出版社
（北京市朝阳区平乐园 100 号　邮编：100124）
010-67391722（传真）　bgdcbs@sina.com
出 版 人：郝　勇
经销单位：全国各地新华书店
承印单位：三河市九洲财鑫印刷有限公司
开　　本：787 毫米 ×1092 毫米　1/16
印　　张：16.5
字　　数：224 千字
版　　次：2017 年 5 月第 1 版
印　　次：2017 年 5 月第 1 次印刷
标准书号：ISBN 978-7-5639-5310-3
定　　价：38.00 元

序　言

“互联网+”时代的到来，为创业者提供了更广阔的创业空间，特别是政府发出的“大众创业，万众创新”的号召，更是对创业起到了推波助澜的作用。有梦想、敢于实践的人，纷纷进入了当前的创业大潮中。

然而，创业并不意味着拥有一腔热情，投入到创业浪潮之中就能成功。创业本来就是风险很高的事情，存在着太多的不确定性。如果创业者没有准备好，就盲目地投身其中，就如“盲人骑瞎马，夜半临深池”，失败的风险更会多一分。

创业没有能够侥幸成功的，成功的创业包含了很多方面的原因。如趋势、机会、资金、个人能力等，客观方面的原因是不断变化的，是很难人为把握的，我们真正能把握的是主观方面，就是我们自己。“打铁还需自身硬”“没有金刚钻，别揽瓷器活”，说的都是要提高自身的能力。只有把自己的能力提高了，创业成功的可能性才会大。

无论做什么事情都是有方法的，创业也是如此。方法正确就能事半功倍，方法错误就只能事倍功半了。虽然说创业是允许犯错误的，但是作为创业者能有多少次试错机会呢？一个致命的错误，就可能使创业前功尽弃。

而本书就为创业者提供了一些切实可行的创业方法，这些方法不是空洞的理论，它是成功创业者创业方法的结晶。书中结合了成功创业者的真实案例，对创业方法进行了阐述，他们的创业历程对创业者来说，是有指导和启发作用的。

俗话说“机不可失，时不再来”，书中对当前我国的创业机遇进行了阐述。有人把机遇形容成“风口”，小米创始人雷军说过：“站在风口猪都能飞起来。”创业的成功，机遇是很重要的，马云创业成功的很大一部分原因就是他抓住了当时互联网创业的机遇。马云曾说过：“前段时间我面试了6个年轻人，我真是倒吸了一口凉气：我幸好是15年前创业，要是今天创业，肯定被这帮小子活活搞死。”

机遇偏爱有准备的人，可以说在“互联网+”时代，机会对每个人都是均等的。但是，如果你没有充足的准备，你可能看不到机会，即使看到了也抓不住。本书中对创业者在创业前需要做哪些准备进行了归纳，例如在心态、能力、精神、时间、身体、责任、梦想方面都要做好准备，有备才能无患。因为，创业过程中不确定因素太多，创业者只有做好了这些准备，才能不临时慌乱，知其所措。

做好了创业的准备，一旦开始创业，首先要建设一个团队。因为现在已经不是单打独斗的时代了，现在是团队的时代。优秀的团队是创业成功的保证，也是融资成功的基础，有很多投资人投资的不是项目，而是人。本书对创业者如何找合伙人，如何建设团队，如何带下属都做了详细的论述。让创业者创建班子，带队伍时有章法可依。

对创业者来说，创业资金对创业的启动和成功至关重要。俗话说“巧妇难为无米之炊”，创业资金就像是“米”，如果无米下锅，那么再好的厨艺也无用武之地。如果没有创业资金，再好的创业想法，也只能是一场空想。所以，融资对创业者来说是十分重要的。很多创业者都是因为资金链断裂，融资失败，才导致创业失败的。今天看阿里巴巴很成功，但是，当时如果马云不是做了几次大融资，估计也不会有今天的阿里巴巴。本书对创业者如何找投资人，如何搞定钱等方面做了介绍，能让创业者了解融资的方法和技巧。

有了钱创业者才能去做事，做什么呢？就是做产品。产品是创业能否成功的重要一环。可能有的创业者认为，一个好的产品、受人们欢迎的产品，还愁没有市场吗？但是，现在是“酒香也怕巷子深”。创业者如何做好自己的产品呢？书中针对产品的定位，产品卖点的提炼、品牌化等方面提出了一些切实可行的方法。

产品虽好，但是也要经营好。有一些企业失败的原因，不是没有好产品，而是没有做好经营。创业者如何经营好企业呢？本书对创业者如何使用好绩效考核这种工具做了介绍。现金流是企业的经营命脉。针对创业者如何管理好现金流，书中给出了方法。

创业是不容易的，会遇到种种困难和挫折。创业没有失败，只有放弃。书中对创业者如何坚持创业，如何实现自己的创业梦想，提出了一些意见和方法，并结合真实案例进行了阐述，相信会给创业者带来一些启发和激励。

本书的编写目的重在对创业者有所启迪，看了本书不能包你创业成功，但是它能告诉你，创业过程中该做什么，该怎么做，能让你在创业道路上少犯错误，少走弯路，离创业成功更近一点。

目　录

第一章　“互联网+”时代的创业，不只是互联网+创业

创业者4.0时代：人人都站在风口 / 002

抓住机遇，更要有创业精神 / 006

“供给侧改革”与“工匠精神” / 010

创业不是游戏，而是“打天下” / 014

创业，“为什么”比“怎么创”更重要 / 019

不适合创业的6种特质 / 023

创业？你要先注意这些坑 / 027

第二章　创业当老板，你真的准备好了吗？

心态准备：失败的概率一定大于成功 / 034

能力准备：老板VS员工 / 038

精神准备：论创业的“持久战” / 043

时间准备：7×24小时待命 / 047

身体准备：绝不允许生病 / 050

责任准备：所有事情你都无法逃避 / 053

梦想准备：创业是一种信仰 / 056

第三章 建班子：创业成功始于“人”

你的创业团队应该是怎样的？ / 060
创业虽易，找对的合伙人不易 / 064
招聘人才一定要“放长线” / 068
价值观一致是招聘的第一条件 / 071
创业性格：学习能力强的新人PK资深人士 / 074
优秀团队要用“心”栽培出来 / 077
做好激励，才能稳住人心 / 081
开除这件事，是创业团队的大事 / 085

第四章 定模式：创业4.0时代，赢在商业模式

商业模式到底是什么？ / 090
商业模式对创业的重要性 / 093
商业模式VS战略定位 / 096
商业模式VS盈利模式 / 099
设计商业模式的核心原则 / 103
创业企业设计商业模式的流程 / 107
保持创新是商业模式的生命 / 111
“互联网+”时代的成功商业模式 / 115

第五章 带队伍：让人愿意追随的领导力

3个人靠自觉，10个人靠管理，100个人靠追随 / 120
想明白：员工为什么要跟我干？ / 124
让最了解情况的人有决策权 / 128
根基法则：信任是领导力的根基 / 132
领导者懂得放权，才能小舍大得 / 135
设定绝不允许触碰的底线 / 138
取悦员工是最重要的投资 / 142
坚信你所相信的 / 145

第六章 找资金：搞定钱，才能赢未来

你为什么要融资？ / 150
融资，既要谨慎又要有态度 / 154
创业者应该如何选择融资渠道 / 157
创业融资的6个基本环节 / 162
创业公司如何做股权分配 / 167
融资后，有钱也不能乱花 / 170
创业者必须了解和规避的融资风险 / 173

第七章 做产品：产品好卖，才是创业的王道

市场调研，验证创意的可行性 / 178
做好客户定位与管理 / 182
产品定位：需求≠需要 / 185
产品价值：需要≠购买 / 189
产品卖点：给客户更高价格的理由 / 193
产品定价的5个关键技巧 / 197
品牌化，是最长久且稳妥的战略 / 201

第八章 炼经营：经营无小事，细节决定成败

成立公司，没你想的那么简单 / 206
KPI（企业关键绩效指标）是必需的，但也有陷阱 / 209
现金流：企业经营的命脉 / 212
创业者应该知道的财务知识 / 216
创业者应该知道的税务知识 / 219
创业者应该知道的法务知识 / 224

第九章 定信念：创业是一种坚持

成功不是创业的唯一目标 / 228

梦想谁都有，但不是谁都能实现 / 232

逆流而上，选择一条不同的路 / 235

远离人生的舒适区 / 238

工作是一件愉悦的事 / 242

把一切不可能变成可能 / 245

永远，永远，永远不要放弃 / 248

第一章

“互联网+”时代的创业，不只是互联网+创业

在“大众创业、万众创新”号召的影响下，在“互联网+”时代的大背景下，很多有志青年正在尝试创业，这是时代给予每个人的机会。当然，创业是很多人的梦想，马云说过“梦想还是要有的，万一实现了呢”。在这样的时代风口下，只要你有梦想，有魅力，不甘于平庸，是可以一展身手的。但是，要知道，创业是不容易的，不是头脑一发热去创业就一定能成功的。创业的道路充满艰辛，在创业之前你准备好了吗？

创业者4.0时代：人人都站在风口

自李克强总理提出“大众创业、万众创新”以来，我国又迎来了一波创业浪潮，《新闻联播》称这次创业浪潮为第四次创业大潮，即创业者4.0。这次创业浪潮的特点就是在“互联网+”时代进行创业创新，这就给新一代的创业者带来了前所未有的机遇。当前，“互联网+”和“大众创业、万众创新”的时代背景，给创业者带来了六大创业机遇，使每个人都站到了创业的风口。

机遇一，国家从政策上给创业予支持。

2015年，“大众创业、万众创新”和“互联网+”行动计划写入了政府工作报告。所以，创业者要抓住国家对创业创新和互联网政策方面的利好机会，通过“互联网+”的方式进行创业。

机遇二，国家经济形势发展的需要。

我国当前经济形势的重要特征是传统经济下行压力加大，经济要实现增长就需要对经济增长的动力进行转换和对经济结构进行深层次调整。在党的十八大上曾提出：推动工业化和信息化深度融合，以信息化带动工业化是实现经济转型升级的必由之路。现在，工业化和信息化的深度融合成了最具活力的创新领域。

机遇三，制度和技术创新的驱动。

这次创业浪潮一个重要的特点就是国家在一系统制度上的创新，比如工商注册制度的简化、股权众筹制度逐步开放等。这些制度的创新降低了创业成本，扩大了创业者的融资渠道，这能极大地激发大众的创业热情。

机遇四，降低了创业成本。

在“互联网+”时代，创业的“低成本、低门槛”已经成为人们的共识。“互联网+”已经影响到传统行业，并且正在对传统行业的生产组织方式、要素配置方式、产品形态和商业服务模式进行着改变。随着国家政策对创业的支持，年轻人通过互联网进行创业越来越容易，并且创业的速度也越来越快。

机遇五，均等的创业机会。

在“互联网+”时代，由于互联网的开放性，每个创业者面临的机会都是均等的。对每个人来说，每天都有大量接触商业平台的机会。在互联网上创业，创业者并不需要多少创业资本，只要你有一个出色的创意，就能吸引到投资。你可以凭借自己的创意，做出一番事业，这也是“互联网+”时代创业的魅力所在。但是，你的创意项目最好能够避开与大公司的直接竞争，做一个相对来说垂直和细分的行业，这样创业成功的机会更大。

机遇六，传统产业创新的倒逼。

如今传统产业面临着巨大挑战，如果不主动创新、不和互联网对接起来，那么在“互联网+”时代，必然会被淘汰出局。传统产业在与互联网融合的过程中，就会催生出新的技术、新的经济增长点和新的商业模式。这不仅促进了整个社会经济的转型升级，而且也给创业者带来了机会。

在安徽南部山区，那里出产茶叶和枇杷等传统的农产品。由于传统销售渠道的制约性，有时候会出现滞销的现象。但是近年来，一些农民学会了上网，就把自家的农产品放到网络平台上进行销售，效果很好。这样农民足不出户就挣到了钱，再也不用为销售产品而四处奔波了。

这时候当地的几个大学生看到了这里面的商机，他们开始创业，在网上成立了销售公司，收购附近农民的农产品在网上统一进行销售。凭着过硬的质量和良好的信誉，他们很快打开了市场。他们在推广农产品的同时，还在网上宣传本地的文化和旅游产品，也收到了良好的效果。同时，他们还与一些成熟的网上销售渠道合作，把农产品快速安全地销往全国各地。

这几个大学生的创业不仅解决了当地农产品销售难的问题，而且也解决了当地部分人的就业问题。

在创业者4.0时代，在“互联网+”的助力下，创业者遇到了前所未有的好时代。领导层的支持、风险资本的介入，都让创业、创新、创客如火如荼发展起来。可以说2015年是“创业新纪元”，据统计，在这一年的政府工作报告中，“创业”一词出现了17次，“创新”更是出现了45次之多。

“大众创业、万众创新”已经成为趋势，但是作为创业者，站在创业的风口上，要学会做一个“听风者”。要用自己的宏观思维看待创业，不是自己喜欢什么就去做什么，而是要清楚地了解世界、国家和时代正在发生什么，顺势而为，把自己的爱好与趋势结合起来。

风口就是趋势，只有顺应趋势才能在风口上飞起来。趋势主要来自新技术的出现、产业结构的变化、消费结构升级、城镇化进程、人们思想观念的变化、政府政策的变化、人口结构的变化、居民收入水平提高和全球化趋势等多方面。创业者要学会观察并研究趋势，让趋势成为创业契机。

创业者在选择创业机会的时候，要考虑到市场未来会发生什么变化，市场环境会发生什么样的变化。其实，创业的机会大多产生于不断变化的市场环境，环境变化了，市场需求、市场结构必然发生变化。所以，创业者要抓住这个变化，为未来的市场做项目。对创业者来说，最重要的是增强对趋势的警觉性与敏感性，在趋势中洞察创业的先机。

现在大家听到最多的声音就是寒冬到来了，但是，经济发展的不好时期反而是创业的最好时代。自改革开放以来，每当我国经济步入低谷，总会有创业群体集体出现。有人说现在是最坏的时代，也是最好的时代。所谓最坏的时代是因为创业者没有大量资金培养出像腾讯、百度、阿里这样的企业；所谓最好的时代是因为“互联网+”时代是创业者的春天，创业者有创新思维，敢于逆势而上，做大公司不敢做、来不及做、不能做的事。

在创业4.0时代，每个人都有创业的机会，人人都站在风口。只要你有创业的梦想，有激情，并善于观察与思考，就能在别人尚未发现的领域，凭借自己的创意抢得先机，从而赢得一块市场。

抓住机遇，更要有创业精神

在创业4.0时代，创业机遇已经摆在大家面前，要抓住机遇就要有创业精神。因为思想是行动的先导，没有创业精神，就算机遇摆在眼前，也会白白溜走。那么，什么是创业精神呢？

创业精神是指在创业者的主观世界中，那些具有开创性的思想、观念、个性、意志、作风和品质等。创业精神在内涵上可分为哲学层次、心理学层次、行为学层次三个方面。哲学层次的创业思想和创业观念，是人们对于创业的理性认识；心理学层次的创业个性和创业意志，是人们创业的心理基础；行为学层次的创业作风和创业品质，是人们创业的行为模式。

创业精神具有四个特征：首先是高度的综合性，这是由多种精神特质综合作用而成的。如创新精神、拼搏精神、进取精神、合作精神等都是形成创业精神的特质精神。其次，三维整体性，即创业精神是由它的三个层面的内涵构成的整体，缺少任何一个层面，都无法构成创业精神。第三，就是超越历史的先进性。就是要开创前无古人的事业，要想前人之不敢想、做前人之不敢做的事。第四，鲜明的时代特征，不同的时代创业精神有不同的内涵。

那么，创业精神对抓住机遇进行创新创业有什么重要的意义呢？从创业精神的定义来看，创业在本质上是一种创新性实践活动，创新是创业的源泉、基础。我们知道创业是很难的事情，它需要创业者有饱满的激情和吃苦耐劳的品质，还要有坚定的毅力和钢铁般的自信，更重要的是创业者要有承受风险的定力和敏锐的洞察力，这些是决定创业者成败的关键。即使创业者已经具备上面的品质，但是面对瞬息万变的市场，也难免会失败，这就需要创业者在面对失败时能保持良好的心态。所以，创业精神对创业实践有重要意义，它是创业理想产生的原动力，是创业成功的重要保证。

马云的创业故事，最能体现企业家的创业精神。1992年，马云和他在杭州师范学院的几个英语老师成立了一家翻译社“海博翻译社”，他们在业余的时间做些翻译业务。翻译社刚成立的时候经营很困难，当时一个月的营业额才200多块钱，而房租就要700元。眼看翻译社不能维持下去了，马云就跑到义乌小商品市场进了一批小商品沿街叫卖。马云就这样卖了3年小商品，才把翻译社支撑下来，实现了收支平衡。

1995年，马云第一次在美国接触到了互联网，凭借他敏锐的洞察力，他意识到互联网未来的发展具有广阔的前景。回国后，马云创办了中国黄页。当时很多人根本不知道互联网是怎么回事，马云在推销他的中国黄页时，有几次被人家从屋里撵出来。人们骂他是骗子，这把马云气得要吐血。虽然后来人们认识到了黄页的神奇功能，但是马云的这一次创业还是失败了。

后来，马云转战北京，但是依然没有取得他想要的成果。1999年1月，马云联合了18个人，大家凑了50万块钱，创立了阿里巴巴。我们今天看到的是阿里巴巴的辉煌，但是马云创立阿里巴巴的过程也是十分艰难的，也几次面临因资金链断裂而失败的危险。面对创业过程中的险境，马云都一步步走了过来，所以，才有了今天我们看到的阿里巴巴。

创业精神是创业者素质中非常宝贵的组成部分，创业者创业成功靠的不是钱，而是创业精神。一个人要想获得创业的成功，就必须具备基本的创业精神，创业精神对创业成功是至关重要的。创业精神有五个要素：

第一，有梦想，有激情。梦想是创业路上的动力源泉，激情能使你勇敢面对创业路上的困难和挫折。

第二，积极性。这是一个人主观能动性的体现。有了积极性，面对困难的时候他才不会坐以待毙，而会主动想出解决办法。

1995年7月，贝索斯创办了亚马逊，并且盈利情况良好。然而在九十年代末，互联网泡沫破裂，互联网公司纷纷倒闭，亚马逊的股价也从100美元降至6美元。更糟糕的是一些评论家预测，美国最大的书店巴诺启动在线业务，这将彻底击垮亚马逊。

但是，在这紧要关头贝索斯挺身而出，向外界表达了自己的乐观和信心，针对批评言论，他还一一列举公司的积极因素，包括已经完成的和准备实施的。由于贝索斯的积极态度，他把一家小的互联网创业公司发展成全球最大的书店，并且业务还在不断扩大，销售从图书到衣服、玩具等各种商品。亚马逊的成功，得益于贝索斯能够积极思考，并想出解决办法。

第三，适应性。这是创业者应该具备的最重要品质之一。成功的创业者都乐于改进、提升或按照客户意愿定制服务，以持续满足客户所需。

第四，领导力。好的企业领导人具有很强的个人魅力和感召力，并且还具有团队协作精神。

第五，雄心壮志。有了雄心壮志才能不畏惧困难，全身心地投入到创业当中。褚时健以75岁高龄开始第二次创业，并成功开发了著名的“褚橙”品牌，这和褚时健的雄心壮志是分不开的。

创业精神对创业者来说是非常重要的，那么怎么培养创业精神呢？我认为要从下面五个方面做准备。

第一个方面，通过优秀文化孕育创业精神。

特别是在校的大学生，要把创业精神有机融合到学科活动和科技活动中，以培养创业意识。

第二个方面，培育创业人格，形成健康向上的创业精神。

研究表明个体的个性特征对创业来说非常重要，取得高成就者都具有谨慎、自信、不屈不挠、进取心强、勇于坚持、不自卑等心理特征。尤其是独立性、坚持性、敢为性、克制性等表现非常明显。所以，创业者要从这些方面有意识地锻炼自己，不断增强自己的心理调适和适应社会生活的能力，自觉培养坚韧不拔的意志品质和艰苦奋斗精神，提高承受和应对挫折的能力。

第三个方面，把知识、能力和素质进行辩证统一，科学地培养创业精神。

知识是能力与素质的载体，知识可以通过相关学习获得。能力是在掌握一定知识的基础上经过培养和实践锻炼而形成的。素质是人在先天生理的基础上，再加上后天的学习教育而养成的比较稳定的身心发展品质。高素质可以把知识与能力发挥得更好。

第四个方面，重点培养创新能力，提升创业精神。

创新是创业的基础。要通过培养自己的好奇心、求知欲，并用科学精神培养自己的创新思维，从而提高自己的创新能力。

第五个方面，通过实践强化创业精神。

要多参加一些社会实践活动，增强对社会的了解和适应社会的能力。创业精神的培养即取决于客观条件，但是更重要的是自己的主观努力。

只有具备创业精神，才可能有捕捉机会的能力。所以，创业者在创业之前，要先培养自己的创业精神，这样才不会盲目创业，并且在创业过程中才不会一遇到困难挫折就打退堂鼓，或者灰心丧气。创业精神是可以通过后天培养得到的，只要你有意识地、刻意地去锻炼，一定能培养出强大的创业精神。

“供给侧改革”与“工匠精神”

“供给侧改革”是现在一个比较热的词，它是我国经济发展进入新常态后进行的经济结构调整。供给侧改革就是从提高供给质量出发，用改革的办法推进结构调整，矫正要素配置扭曲，扩大有效供给，提高供给结构对需求变化的适应性和灵活性，提高全要素生产率，更好地满足广大人民群众的需要，促进经济社会的持续健康发展。

在“供给侧改革”的概念中有一个很重要的词，那就是“质量”，它是改革的出发点。相信很多人还对一些中国人去日本买马桶盖记忆犹新，为什么这些人千里迢迢去日本买马桶盖呢？有一点我们不能否认，那就是日本的马桶盖质量好。据公开资料显示，我国因为产品质量问题，制造业每年直接的质量损失超过2000亿元，间接损失上万亿元。

产品质量问题已经成为中国制造业的切肤之痛，针对这个情况，李克强总理在2016年的政府工作报告中提到了“工匠精神”一词。他说：“培育精益求精的工匠精神，增品种、提品质、创品牌。”那么，什么是工匠精神呢？工匠精神就是指工匠对自己的产品精雕细琢，力求精益求精、更完美的精神理念。工匠精神的目标是打造本行业最优质的产品，打造出让其他同行无法与其匹敌的卓越产品。

但是，现在社会人们普遍心浮气躁，追求“短、平、快”（投资少、周期短、见效快）带来的即时利益，而不重视产品的品质。所以，企业要想在长期的竞争中获得成功，需要提倡工匠精神。提起工匠精神很多人会想到日本的寿司、德国的汽车、瑞士的钟表等，而中国的制造业却深受廉价低质形象的困扰。由于中国制造业工匠精神的匮乏，正在不断丧失本国的消费群体。

我国改革开放30多年来，产品已经从严重的供不应求到如今的产能过剩，而且随着人们物质生活水平的不断提高，中国人的消费结构、消费习惯也发生了变化。以前，人们买东西图的是廉价、实用，即满足基本需求就行了。而现在，人们已经普遍富裕了，买东西更多考虑的是产品的附加值。然而，这正是中国制造业现在所欠缺的。所以，提倡工匠精神对中国制造业来说是刻不容缓的事情。按照李克强总理的说法，“工匠精神”就是要实现由“中国制造”向“中国质造”的转变。

其实，工匠精神在我国古已有之，庖丁解牛的故事能一直传到今天，就是因为庖丁的精湛技艺和境界征服了人们。也可以说工匠精神就是尊重你手中的工作，并把它做到极致。在现实生活中，精益求精的工匠精神，过去需要，现在需要，将来仍然需要，它是与人们的生产生活密切相关的。工匠精神不仅企业需要，我们每一个人都需要，无论你是创业还是工作，只要有工匠精神，就能把平凡事情做到不平凡，你也就因此成了不平凡的人。

冯三峰是河南省虞城县人，他高考落榜后外出打工，因为没有一技之长，打了几年工还是一事无成。他虽然没有出色的技能，但是他有一个爱好就是喜欢做面食。1999年的一天，冯三峰从收音机里听到了合肥市一家厨师学校的招生广告，他决定去合肥学习厨艺，想凭借一技之长来养家糊口。

到厨师学校报到后，他就开始跟一位师傅学起了做面点。这时候有人嘲笑他说：“就算学成下来，也只不过是个包子师傅，还会有什么大出息？”但是他不为所动，学得认认真真，一年下来，竟将手中的面团玩到了炉火纯青的程度：可以双手左右开弓一次擀12张饺子皮，可以轻松做出一桌全面宴。更奇特的是，他可以把拉面拉细到在一根针眼里穿过15~20根。

学成之后，冯三峰又出去打工了。因为有了一技之长，这次他的工资高了不少，经济状况也因此有了改善。有一天，合肥市的一家建筑公司要在合肥招聘两名面点师傅，外派到阿拉伯联合酋长国，年薪6万元。冯三峰去应聘，凭着高超的面点手艺，他被选中了，随后被派到了阿联酋的第二大城市迪拜。他做的面食，让那些中国员工欢呼雀跃，更让一些阿联酋技术员工赞不绝口。

一天，迪拜最豪华的也是世界上唯一的一家七星级酒店——伯瓷酒店总管找到了他，以4000美元的月薪聘请他出任伯瓷酒店的面点大师傅。在伯瓷酒店，他每天都会接触世界各国的王室成员、政要以及体育和娱乐界的顶级人物。

因为出色的面点手艺，他得到了俄罗斯首富、石油大王罗曼·阿布拉莫维奇的亲自召见，这位亿万富翁对他做的面点非常感兴趣。他也曾获得华裔丹麦王妃文雅丽的青睐，并获得了1000英镑的小费。甚至顶级的足球明星贝克汉姆还带了十多位朋友，特地从英国赶到迪拜来品尝他做的小吃。这期间，他还教会泰国总理夫妇做饺子，教会美军驻海湾地区前总司令施瓦茨普夫做兰州拉面，并为好莱坞著名导演斯皮尔伯格表演拉面绝活。

有一次，他为美国国务卿赖斯表演拉面穿针绝活，结果竟穿过了20根。这让赖斯看得目瞪口呆，当场给了他1万美元的天价小费。当天在达官贵人参加的派对舞会上，他的拉面竟卖到1000美元一碗的天价！

冯三峰的成功不是神话，也不是偶然，他用自己的实际行动告诉我们：只要具备工匠精神，把不起眼的职业做好，做精，做到一流，那么一旦机遇来临，就能取得常人难以企及的成功。

工匠精神有四个方面的特征，一是精益求精。它注重细节，追求完美，努力把事情做到极致。二是严谨，一丝不苟。做事认认真真，不投机取巧。三是耐心、专注、坚持。真正的工匠在自己的专业领域内，绝对不会停止追求卓越的脚步。四是专业、敬业。精心打造卓越的产品。

供给侧改变呼唤工匠精神。无论我们是经营企业还是创业，都要真正把用户放在第一位。静下心来，远离浮躁，坚定专注，设身处地为用户着想，想方设法为用户打算，要像庖丁那样，手到、心到、神到，真正为用户提供质优价廉的产品。从当前我国经济发展现状来看，努力改善产品和服务供给，大力倡导工匠精神，是推进供给侧改革的一条有效路径。

创业不是游戏，而是“打天下”

很多人都有创业的梦想，一些人已经踏上创业的征程。但是创业不是游戏，不能仅凭借一腔热血，就莽撞地开始。创业是“打天下”，创业的艰难不仅表现在资金的短缺，也表现在精神上的煎熬和无助。

创业与就业是不同的，就业只要干好自己的工作就行了，而创业是要指挥别人，是要承担经济责任的，所以说创业是打天下。创业者在创业之前，不但要做好准备，而且也要具备以下基本素质。

一、创业者要有梦想有行动

一个人想要做成事情必须要有梦想，创业者的梦想与普通人的梦想是不同的，他们的梦想往往会超出他们的现实，需要打破他们现实的坚冰，打破眼前的樊笼才能够实现。所以，创业者要具有行动力和牺牲精神，这不是普通人所具有的。

1995年，马云在美国接触到互联网之后，他相信互联网将影响人们生活的方方面面。他从美国回来后，决定辞职做互联网。

一天晚上，他请了许多朋友到他家里，跟他们讲什么是互联网，并且说自己准备辞职做这个。他讲了2个小时，他讲得糊里糊涂，大家也听得糊里糊涂。最后投票表决时，仅1个人支持。在这种情况下，马云经过一个晚上的思考，第二天还是决定辞职，去实现自己的梦想。

马云为了实现自己的创业梦想，果断辞去了大学老师的职务，专心做起了网站，所以才有了今天的阿里巴巴。后来他说：“年轻人是晚上想千条路，早上起来走原路。如果不采取行动，不给自己一个实践的机会，你永远没有机会成功。”

创业者都不满足于自己的现状，不满足于自己现有的身份、地位和财富，所以才要去创业。他们要靠创业改变自己的身份，提高地位，积累财富，这就是创业者的人生“三部曲”。有梦想、有行动，到最后成功，这是大多数创业者走过的共同道路。可以说，梦想是创业的最大推动力。

二、要做好艰苦奋斗的准备

创业不是轻轻松松就能成功的，在创业的过程中会遇到很多困难和挫折。如果创业者没有做好艰苦奋斗的思想准备，有可能一遇到挫折就会思想消极，甚至逃跑。而成功的创业者在面临困境时，总能斗志昂扬、越挫越勇，这是因为他们早就做好了准备。

李嘉诚出身贫苦，由于父亲早逝，他16岁就辍学打工。20岁的时候，他认为自己看清了形势，做好了创业的准备。他用自己辛辛苦苦打工积攒下的7000港元，又向亲友借了些钱，租下了一间破旧的小厂房，买了一台很旧的压塑机，办起了“长江塑胶厂”。

厂子办好后，由于缺乏资金、人员，采购、设计、生产、推销都要李嘉诚亲力亲为。当他联系业务时他是采购员和推销员，回到厂子里他又成了师傅、老板，晚上搞设计他又成了工程师，那个时候他几乎每天都要工作16个小时。

虽然他工作很努力，但是仍然出现了产品积压、资金断裂的困难。这时候有人劝李嘉诚，干脆把厂子卖掉，还了债，自己去别的厂子打工，凭他的能力，待遇肯定不会差。但是李嘉诚不愿意这样做。他冷静分析自己失败的原因后，就把主要精力都放在了销售上。他亲自背着产品拜访了上百家代理商，功夫不负有心人，在他的努力下，最后他得到了代理商预付的资金，才渡过了难关。

在创业的道路上没有一帆风顺，付出怎样的代价，付出怎样的努力，忍受了多少别人不能够忍受的困苦，只有创业者自己心里清楚。在生活中，有多少人愿意付出这样的代价？对普通人来说，艰苦奋斗是一种美德，但是对创业者来说，这是必须具备的品格。

对创业者来说，肉体上的折磨算不得什么，精神上的折磨才是更难以忍受的。在创业之前，要先问一问自己，面对从肉体到精神上的全面折磨自己能不能忍受。如果回答是否定的，那么最好不要创业。

三、把握机会的能力

成功的创业者都善于把握机会，尤其是对外界变化的商业机会做出快速反应，这是创业者的必备素质。对创业者而言，善于把握机会，创业才能有更多成功的机会。

在商场上流传着潘石屹“一言8亿”的传奇故事。那是1992年，潘石屹到北京出差。当他在怀柔政府食堂吃饭时，听旁边吃饭的人说北京市给了怀柔四个定向募集资金的股份制公司指标，但没人愿意做。

听到这句话，潘石屹就留了心。随后他又把这个信息告诉了冯仑，经过他们商量之后，决定注册8个亿。就这样北京万通在什么都没做的情况下，拿到了8个亿的现金融资。后来万通在海南做赔了本，多亏了潘石屹这一耳朵“听”来的8个亿，才有了今天的万通。

有谁能够从别人的一句话里听出8亿元的商机？潘石屹能赚到这笔钱不是出自偶然，而是源于他的商业敏感以及又能够快速把握机会的能力。商业敏感是可以靠后天培养得到的，如果你想做一个创业者，你就应该不断地训练自己的商业感觉。因为，良好的商业感觉，是创业者成功的最好保证。

对商业感觉的训练重要的是要多读书，特别是财经方面的书籍，需要不断地积累知识。有了知识以后，你要让自己尽可能多地融入商业环境中，去积累对商业的感觉和判断。如看日常财经新闻，评论重要的商业事件，像重大的公司并购重组、重要的产品发布、重要的投资案、重要的商业政策等。经过长时间的训练，自然而然能提高自己的商业感觉。

四、要有不服输的精神

不服输的精神也可以说是永不言败的精神，创业本来就是九死一生，失败的可能性很大。这时候创业者只有具有不服输的精神，才能不被困难击倒，才能更好地生存下去。具备不服输的精神，才能在山重水复疑无路的绝境，迎来柳暗花明又一村的喜悦。

很多成功的创业者在创业的道路上，都有过不服输的经历，因为他们不服输，坚持做下去，才有了最后的功成名就。当年周枫带人做婷美，这是一个500万元的项目，他们做了2年多，投入了440万元，项目还没有做成，钱眼看就要花完了。

面对这种情况，周枫的合作伙伴都失去了信心，都说要把这个项目卖了。而周枫不服输，他说这样好的项目不能卖，要卖也要卖个好价钱。合作伙伴认为这个项目不值钱，最后以5万元的价钱卖给了周枫。

周枫买下这个项目后，带着23名员工开始单干。由于没有钱，他就把自己的房子做了抵押，跟几个朋友一共凑了300万元。结果他成功了，周枫成了亿万富翁，他的许多员工成了千万富翁、百万富翁。

创业就要有不服输的精神，周枫的成功很大程度上就是得益于这种精神。不服输精神是企业家精神的一个重要组成部分，但是不服输精神不是冒险，不是赌博，而是创业者相信经过自己的努力，会实现自己的目标。不服输的精神也不是死钻牛角尖，它是创业者对自己、对项目、对市场有准确把握后的继续奋斗。

创业者如果抱着游戏的心态去创业，那么结果肯定会失败。所有创业者要抱着打天下的心态去创业，一开始创业就要把自己当成一个企业家。任志强在一次演讲中说：“当你作为企业家的时候，一定要有企业家的心态，要知道你自己的使命。作为企业家希望你们推动的是社会进步，让你的创业游戏最后变成我们说的打天下。”

创业，“为什么”比“怎么创”更重要

对创业者来说，在创业之前首先要想好“为什么”的问题，这不只是选择的问题，更是战略方面的问题。第二才是“怎么创”的问题，这是执行力的问题，借用军事术语就是战术方面的问题。

我国的创业者，大多强于执行力，弱于战略思维。猎豹移动CEO（首席执行官）傅盛说过：“一旦你认为（战略方向与执行力）同样重要，创业者就会愿意花时间在执行力上。因为绝大多数创业者就是执行力超强，于是在执行力上，就会花越来越多的时间。但很快，他们又开始在方向的选择上犯迷糊了。最可怕的是，他可能在一个不正确的方向花了太多精力。”他也说过：“我并不是说，执行不重要，执行只是基本功。在执行非常重要的前提下，找到一个正确的方向，这是一件更重要的事情。”

有句话说得好，“选择比努力更重要”。对创业者而言，在创业的道路上，选择比努力更重要。在当前的“互联网+”时代的创业大潮中，只有选择良好的商业模式，顺应时代大潮，才能像鸟儿一样在风口上飞翔。

但是，如果创业者没有想好“为什么”，没有好的战略，就没法和大公司比拼执行力。然而，在创业的时候，许多创业者都会有一种错误的认识，

认为只要自己的执行力够强，只要自己努力工作，就能够取得成功。但是你有没有想过，如果在你创业的领域里去和大公司竞争，那么大公司有条件招到比你更好的人，竞争的结果就可想而知。当年，傅盛在做金山毒霸这个产品时就遇到过这样的问题。

傅盛他们当年在做金山毒霸这个产品时，付出了很大的努力，他们几乎把全公司的力量都集中到对这个产品的开发上。但是，无论他们怎么努力就是追不上作为竞争对手的大公司。他们已经够努力了，然而在执行力上还是比不过大公司。

既然执行力比不过，他们就想出用不停创新的方法来超越对手，这也是他们无奈的选择。但是别的问题又出现了，他们创新一个产品，对手就抄袭一个，并且比他们做得还好。后来，傅盛经过思考终于想明白了：大公司有实力与资源，在电脑端的所有安全创新方面，他们都是比不过人家的，自己反而变相成为人家的产品经理。

想明白了之后，傅盛带领团队做出了战略调整，制定出新的战略，那就是把公司业务的主要方面从电脑端转移到移动互联网。由于他们选对了方向，才取得了今天的良好发展。

俗话说得好，“选择不对，努力白费”“女怕嫁错郎，男怕入错行”，在错误的道路上每走一步，就会离目标更远一步。在创业的时候，即使舍得付出，也够努力，但是如果方向选择错误，那么越努力就会离自己的目标越远。

也许我们还相信“一分耕耘，一分收获”，也相信“有志者，事竟成”，也深信“付出就有回报”。这些至理名言固然没错，但是这也是要有前提条件的，那就是只有你选择的方向正确，那么努力才有意义。古代有一个寓言故事，讲的是一个年轻人拜师学习屠龙技术。他花了几年时间，刻苦学艺，当他学成归来，才发展根本没龙让他杀，还落下了一个笑柄。

创业的时候，创业者哪个不是没日没夜地拼命干？但是成功率依然这么低。百分之百的付出和汗水，成功的机会也可能只有1%。当然，前期的战略选择是非常重要的，其次才是努力。

其实，在创业的道路上，即使你有超强的执行力，但是如果没有好的战略思维，那么也不能把握商机。互联网创业已经是当代的一个大潮流，创业者要想依托互联网开创自己的一番事业，就不能再依靠旧式的战术思维，你需要的是战略思维。如果没有战略思维，那么你在“互联网+”时代就可能被淘汰出局。

2015年6月联想进行了人事调整，联想集团执行副总裁、移动业务集团总裁、摩托罗拉移动管理委员会主席刘军离职，陈旭东将接替刘军的职位。之所以进行这次人事调整，从联想集团董事长兼CEO杨元庆事后谈及的原因来看，刘军的离职是因为他没有在战略思维上接受“互联网+”的玩法。

刘军是联想集团的元老级人物，向来以执行力强著称。当初他制定的以“快”为核心的研发及供应链管理模式，从定位上改变了以往的高端精品策略，使公司跟随电信运营商走上了大众消费路线。这种策略与当时快速发展的国内智能手机市场相符合，让联想迅速完成了初期的市场份额积累，并在此基础上，联想智能手机和平板电脑做到了世界第三。

但是，在“互联网+”时代，当小米、华为在手机产品研发和销售中借力互联网思维、粉丝经济和社交媒体，成功打入全球智能手机的高端市场时，联想集团在这方面就不禁相形见绌起来。联想集团让陈旭东接任刘军，正是看重他的互联网战略思维。杨元庆在内部沟通会上说：“陈旭东拥有经验、能力，喜欢尝鲜，喜欢尝试，喜欢冒险，还有开放的心态等，能够拥抱互联网，这些都是我们需要有的精神。”

所以，猎豹移动CEO傅盛就说：“一家公司的方向或选择，还要再乘以10倍，最后用强悍的执行力，在足够多的时间，变成想清楚的战略。需要特别强调的是：执行力也是战略的一部分，好的战略，不依赖于好的执行力。”可见，战略思维比执行力更重要。

那么，创业者如何培养自己的战略思维呢？我认为要注意以下三个方面，即以资源为本的战略思维、以竞争为本的战略思维和以顾客为本的战略思维。

1. 以资源为本的战略思维

以资源为本的战略思维，就是创业者能够比竞争对手更好地掌握和利用某些核心资源或者能力，创业者能够比竞争对手更好地把这些资源与在行业中取胜所需要的能力结合起来。

2. 以竞争为本的战略思维

以竞争为本的战略思维，就是在竞争激烈的市场上，创业者在某些方面比竞争对手具有优势，只有这样创业才能生存和发展。这种战略思维的关键就是，在市场竞争中如何打败对手，如何获得竞争优势。

3. 以顾客为本的战略思维

在互联网时代，企业与顾客之间不仅仅是一种交易，而是转变成了一种关系，在这种情况下，维系顾客远比吸引顾客重要。所以，企业要把顾客维系作为企业持续发展的基础与保障。因此，顾客在制定企业战略过程中的地位越来越重要。

同时，在培养战略思维的过程中，还要带着假设思考问题，假设事情发生了，该怎么办？还要锻炼自己多方位、多角度思考问题的能力。创业者如果经过长时间的锻炼，战略思维能力自然会提高。

所以，创业者在创业过程中，如果能多花点时间来想一下战略问题，想好“为什么”，而不是把时间纠结于“怎么创”等烦琐的细枝末节，那么你的创业一定会事半功倍，这也会对你的事业发展有极大的帮助。

不适合创业的6种特质

李克强总理提出“大众创业、万众创新”的口号，点燃了很多人的创业梦想。在这个时代创业已经成为一种趋势，但是并不是每一个人都适合创业。在生活中，想要创业的人永远比真正去创业的人多，这是因为并非所有人都能忍受创业的艰辛。

你可能正在考虑创业，如果你具有以下6种特质，那么说明你还没有准备好迎接创业生活，还不适合去创业。

一、满足于执行命令

创业与就业是不同的，创业是你指挥别人，就业是你听别人的，别人让你干什么你就干什么。这个世界本来就是由领导者和追随者组成的，你要清楚地知道自己是哪一类人，是倾向于发号施令，还是倾向于执行命令？

如果你满足于执行命令，可能创业对你并不适合。然而，如果你对做出决策并发号施令感兴趣，那么这也许是你创业的潜能。

二、喜欢帮助他人实现梦想

商人、投资家兼慈善家Farrah Gray说过：“创建自己的梦想，否则他人会雇用你去实现他们的梦想。”你是喜欢实现自己的梦想，还是喜欢帮助他人实现梦想？可以说，创业者都是有梦想的人，并且会去实现自己的梦想。

三、不喜欢艰苦的工作

可以说没有人喜欢艰苦的工作，但是要创业就必须与艰苦相伴。我们看到的总是创业成功者光鲜的一面，而往往忽略了他们创业过程的艰辛。创业工作异常艰苦，创业过程更是充满了不确定、高风险、不稳定以及其他接近疯狂的状态。

如果你准备创业，首先就要在心理上做好艰苦工作的准备。因为，创业的这种特性决定了创业之路充满了艰难，煎熬是创业的典型状态，在创业路上，最常见的不是成功和失败，而是长时间的苦苦挣扎，这都需要你做大量的艰苦工作。

有一句歌词唱道：“不经历风雨怎么见彩虹，没有人可以随随便便成功。”其实，创业的过程就是经历风雨的过程。创业的过程没有什么是真正让人感到愉快的，但是我们也要知道艰苦的工作可以给人带来一定的满足感。可以说，人类为艰苦的工作而生，艰苦的工作自会给你奖励。

如果你对艰苦工作和奖励并不感兴趣，那么你也就不适合创业。人生的道路有千百条，创业只是其中一条，如果你都能找到适合自己的道路，那么就找到了属于自己的成功之道。

四、不善于打破常规

创业者都不是好好先生，他们都是特立独行、对事物有独立见解的人。而在人际关系上，创业者并不总是能与生活中的每个人都融洽相处。而事实也证明了，创业者并不是像他们看起来那样和蔼可亲、热情洋溢，他们更倾向于处在社交行为和文化规范的外部边缘。

美国的《财富》杂志上有一个观点，那就是“想要在一屋子青年人中找到未来的创业者吗？看看那些时不时打破规则的家伙吧”。这个观点是有道理的，那些创业者往往都是打破行业规则、不满足现状并引领时代变革的人。甚至有报道称：“新的研究发现创业者在童年时有反社会倾向。”

五、认为世上万物都刚刚好

创业者都对现实有不满意的地方，认为有需要改进的地方。马云创立阿里巴巴的初衷，就是看到中小企业做生意的艰难，他想让天下没有难做的生意。《今日美国》报道称：“一系列的创业者们发现了需要解决的新问题。”

创业者普遍认为世界尚不完美，有太多的问题需要解决。伟大的企业家都是想改变世界的人。Elon Musk因为对在线支付方式不满意，于是推出了PayPal（在中国大陆的品牌为贝宝，是一种国际贸易支付工具）。他又对太空探索的状况不满意，于是创建了Space X。他对人类过于依赖传统能源不满意，就开创了Solar City、特斯拉能源、Hyperloop和特斯拉汽车。

如果你准备创业，你是如何看待周围的世界呢？是一切刚刚好呢，还是有一些事物需要改进？如果你看不到周围事物有需要改进的地方，那么你就看不到创业的迫切要求，你可能就不适合创业。

而创业者会发现那些需要改进的事物，他们能看到事物需要改变的趋势。如果你看到了需要改进的事物，并且有了相应的解决方案，那么你就应该考虑去创业。

六、觉得自己非常主流

如果你非常主流，那么你就不适合创业。因为创业是反主流的。我们生活的社会一直提倡安稳，而不鼓励冒险，要求我们在稳定的基础上谋求发展。而创业者对这种主流是排斥的，他们意识到在残酷的现实世界里，一些生活的风险是必要且有益的，那些崇尚安全保险的主流文化会剥夺自然的生活和健康风险。

苹果有一个“非同凡想”的广告说道：向那些疯狂的家伙致敬。他们我行我素，桀骜不驯，惹是生非，就像方孔中的圆桩。他们用不同的角度来看待事物，他们既不墨守成规，也不安于现状。你尽可以赞美他们否定他们，引用他们，质疑他们，颂扬抑或是诋毁他们，但是唯独不能漠视他们。因为他们改变了事物，他们让人类向前跨越了一大步。他们是别人眼里的疯子，却是我们眼中的天才。因为，只有疯狂到认为自己能够改变世界的人，才能真正地改变世界。

这段话对有志于创业的人有激励作用，如果是不适合创业的人，看了这段话会无动于衷。创业者需要一定的物质基础，但是没有天生的创业者。如果你有创业的梦想，又有实现梦想的强烈欲望，那么通过后天的培养，是可能培养出创业者所需要的品质的。只要你有梦，什么东西也阻挡不了实现梦想的道路。

创业？你要先注意这些坑

创业不易，失败的创业案例比比皆是，成功的创业都是相似的，失败的创业各有各的原因。创业者要避免创业失败，就要先注意以下这九个问题。

一、你准备好创业了吗？

创业是一件风险很大的事情，不能心血来潮就去创业，创业前要认真思考、反复评估、考虑成熟再行动。创业除了要有足够的资源准备外，还要在心理上做好准备。特别是对风险要有充分的心理准备，否则一遇到与想象不一样的现实状况，就可能会信心动摇。很多失败的创业者，都是在创业前没有做好足够的心理准备就匆匆忙忙进行创业，最后失败得一塌糊涂。假如准备不充分，条件不具备，晚一点创业也不迟。

特别是想辞职创业的人，一定要慎重，认真考虑，一定要考虑好你能不能负担起辞职创业的责任。如果想辞职创业，但是又怕创业风险，怕创业失败，那么最好先不要辞职创业。因为，你还没有准备好创业，你还没有一个既能满足市场上的某种需求，又不与目前工作冲突的创业想法，你要做的就是持续关注市场，慢慢寻找创业机会。

二、你看到创业前景了吗?

创业一定要看到所做事业的前景，这样你才能有信心、有毅力坚持下去。当初马云做互联网的时候，很多人根本不了解互联网是什么东西，对马云所做的事也没有多少人支持。他当时找了24个人，只有1个人支持他，23个人反对，但是马云坚信互联网将来一定会改变人们的生活。今天马云能够取得成功，就是他看到了互联网发展的前景。

一定要清楚创业项目的发展前景，如果看不到前景，最好不要去创业，盲目创业的结局就是失败。

三、创业启动资金从哪里来?

要创业就要有资金，如果自己没有足够的创业资金，那么就要考虑创业启动资金从哪里来。很多创业者都会想到去融资，去找天使投资人。这些想法都不错，但是在融资前要做好准备，要做好商业计划书，把你的创意展示给投资人。

在融资的时候，要让投资人知道你的商业模式，知道你需要多少启动资金，还要让投资人知道他们的资金将会被如何使用等。投资人最痛恨的事情就是看着自己的钱被烧掉，而没有取得任何成果。为了避免风险，投资人可能会采取分批投资的方式，如果前期的投入未产生效果，那么投资人就可能拒绝继续投资。所以，对于创业者来说，一定要尽量在项目启动时，争取得到投资人最大限度的投入。

四、你选对创业合伙人了吗?

现在的时代已经不是单打独斗的时代，要创业就要选合伙人组成团队。如果合伙人没选好，那么在创业过程不但不利于创业发展，而且一旦发生矛盾，团队很可能就会分道扬镳，导致创业失败。

选择合伙人有一点要注意，合伙人的能力跟你是互补的，合伙人与你有共同的权利。合伙人其实最终是要和你一起商量着去做事情的，虽然拍板的是一个人，但是商量事情是可以由几个人一起做的。

找合伙人最核心的问题还是信任问题，信任问题是第一位的。选合伙人是一件很慎重的事情，有很多创业者都因为没有选对合伙人，最后发生分歧，而导致创业失败。对创业者来说，一定要选对你的合伙人。

五、如何选择天使投资人?

创业者选择天使投资人时，一定要选择靠谱的天使投资人。那么什么是靠谱的天使投资人呢？一般来说，靠谱的天使投资人具有五个特征。第一，给创业者投资，并且给钱速度快；第二，了解创业者的行业；第三，对创业者的创业项目很重视；第四，能够给创业者提供帮助；第五，不添乱，不给创业者制造麻烦。

对创业者来说，选对天使投资人非常重要。如果选错了天使投资人，企业就输在了起路线上。对天使投资人的选择要注意以下几点：

（1）选择追求合理投资回报的天使投资人，他们不会给企业提出过高的要求，不会给企业造成压力。

（2）选择了解行业发展趋势的天使投资人，他们理解产品的发展规律，而且从不自以为是，不会对企业发号施令。

（3）选择能和企业相互尊重的天使投资人，他们不会把自己摆在高高的位置上。

（4）选择愿意与创业者交朋友的天使投资人，他们愿意为创业者提供帮助。

（5）选择一个好相处的天使投资人，他们能与创业者进行良好的沟通。

（6）选择态度鲜明的天使投资人，他们做事情行就是行，不行就是不行，不拖着你。

（7）选择不胡乱承诺的天使投资人，他们会说到做到。

六、不盲目坚持，你能做到吗?

创业不是盲目坚持，当事情已经不适应不断变化的市场时，该放手时就应该理性放手。有人说创业就要坚持，坚持就是胜利。这话虽然说得不错，但是也要分情况。当创业项目有前景，只是暂时遇到困难时，就应该坚持；当创业项目、商业模式已经不适应市场的发展时，就不能盲目坚持，如果这样坚持到底，最后难免会失败，也会把别人耗死。

不盲目坚持，能做到理性放手，也是一种明智的选择。不管怎么说，创业经验都是一笔宝贵的财富，失败后再慢慢寻找创业机会，以图东山再起。

七、创业你能保持初心吗?

初心是什么？对创业者来说，初心就是最开始的一个愿望，通过创业才能不断变成现实，实现真正的“初心”。马云的创业初心就是让天下没有难做的生意。现在，马云创业成功了，但是他仍然保持着这颗初心。

初心其实是一个愿望。只有不忘初心，创业者才能不惧创业的千难万苦，才能不怕辛苦地进行工作。正如马云所说：“今天的阿里、昨天的阿里、未来的阿里，我们都是要走这条路的，每个人都必须这么辛苦，因为我们的未来是辛苦出来的。”

作为创业者，你的初心是什么？一定要想清楚，因为你是创业项目的“教练”，你的创业初心会影响团队里的每一个人。

八、你看到新兴市场了吗?

世界经济在不断变化，新的地区的整合正在刺激着国际贸易和国际投资的增长。在这些新兴市场中，很多处理事情的方式与成熟市场完全不同。所以，创业者一定要看到新兴市场。新兴市场就是有庞大的人口红利、市场用户还没有得到开发、正在建设中的市场环境。

九、创业你能坚守诚信吗?

“商也有道，诚为商道”，没有诚信企业就不会发展壮大，所以创业者一开始创业就要坚守诚信。可以说坚守诚信是创业成功的法宝。

李嘉诚创业初期，由于产品质量下滑，以致大量积压，资金链断裂，企业面临倒闭的危险。这时，李嘉诚悟到，“诚”是经商信誉之本。随后，他一一拜访了银行、原料商、客户，向他们认错道歉，并保证在限期内一定偿还欠款，并向他们求教渡过危机的对策。李嘉诚的诚实得到了大多数人的理解。在业界同人的支持下，李嘉诚和他的“长江塑料厂”终于渡过了这次危机。

李嘉诚常说：“你必须以诚待人，别人才会开诚布公，别人才会以诚相报。”他还说：“信誉第一，以诚相待，除此之外，别无他法。”李嘉诚能从一名穷困的打工仔发展为华人超级富豪，他开创的商业神话更能说明创业初期就要讲究诚信、树立商誉的道理。

创业不易，创业的道路上处处有风险与坑，特别是初出茅庐的创业者，要做到凡事多留个心眼。做好整体规划，正确解决上述的九个问题，会使你在创业的道路上避免很多风险。

第二章

创业当老板，你真的准备好了吗？

老板可能人人都想当，但却不是人人都能当。很多人只看到老板表面的风光，而没有看到老板背后的艰辛。老板是一直与压力相伴的。创业初期有压力，担心创业失败；创业成功了，还有压力，要想着怎么把企业做大做强。这就要求老板要有一个好身体，要有强大的精神。同时，老板也承担着巨大的风险，当然如果创业成功，受益最大的也是老板。如果你已经做好了当老板的准备，那就出发吧！

心态准备：失败的概率一定大于成功

想创业，一定要做好各方面的准备，心态准备是绝对要有的。因为，创业过程是一个极其艰难的过程，失败的概率一定大于成功，用九死一生来形容也不为过。据统计，在美国新创公司存活10年的比例为4%，第一年以后有40%破产，5年以内80%破产，活下来的20%在第二个5年中又有80%破产。哈佛商学院的研究发现，第一次创业的成功率是23%。所以，创业者随时要有迎接失败的心理准备。

在波涛汹涌的商海当中，创业者要想取得成功不是那么容易，遭遇挫折或失败是很平常的事情。创业就免不了与困难、失败为伍。因为，对创业者来说，心态不成熟、管理经验缺乏、资金短缺、人脉范围太窄都是制约企业发展的因素。特别是在“互联网+”时代，看似处处都是商机，其实也有很多陷阱。有不少看似好的项目，即使能克服创业初期阶段的危机，获得投资人的青睐，但是在发展过程中，也可能因为资金使用不当、利益分配不均等原因而陷入停滞。所以，来自产品、运营、管理、财务等多方面的挑战，是创业者必须要迈过去的坎。

其实，在创业的道路上，没有失败经历的人是极少的。今天看到的那些创业成功者，当初他们也大多经历过失败的。就是现在看起来创业很成功的马云，他也经历过创业的失败，他也是从失败中走过来的。很多成功创业者的历程，都充满了艰辛和坎坷，甚至曾到过山穷水尽的地步。

1995年马云创建了中国最早的互联网公司之一“海博网络”，产品就是“中国黄页”。马云在推销中国黄页时，被人称为“骗子”。1997年，因经营观念上与公司另一股东杭州电信产生分歧，马云放弃中国黄页，与杭州电信分道扬镳。他将自己拥有的21%中国黄页股份，全数送给了一起创业的员工。马云第一次创业失败。

随后，马云来到北京与外经贸部合伙成立中国国际电子商务中心，1999年时，他因为厌倦政府企业做事受条条框框的束缚与畏首畏尾的作风，而选择了退出，这是马云第二次创业失败。但是，就是在这一年他创立的阿里巴巴问世。

360公司的董事长周鸿祎，当初创业也是经过3次失败才成功的。周鸿祎在上大学和读研究生期间就创办过两家公司，最早做的是反病毒卡，但是最后失败了。1998年时周鸿祎创办3721，这家公司在2003年的时候被雅虎以1.2亿美元的价格收购了。但是周鸿祎现在仍感慨：“我早些年创办的公司做得不太成功，本来如果我坚持把第一家公司做下来，那今天搜索市场可能就没有百度的机会了。”

无数创业成功者从失败走向成功的经历告诉我们，创业充满各种危机与困难。只有坚强的意志与良好的心理素质，才能使创业者在失败面前不气馁，才能使他们有重新再来的勇气。马云说过：“选择创业这条路就不要怕失败，其实失败没那么可怕，可以重新来过。”周鸿祎也说过，自己“从来不是一个成功人士，曾经是一个最大的失败者。我甚至做过一些很荒唐的事情，也做过很多错误的决策，在很多事上失败过，摔倒了我再爬起来。我其实觉得，只有你能不怕失败，从失败中去总结经验教训，你才可能去真正地坚持创业”。

在现实生活中，从创业失败中成功走出并创造二次辉煌的企业家比比皆是。史玉柱就是一个很好的例子。他在事业到达巅峰的时候因为经营策略失误导致一败涂地。但是失败后他并没有消沉下去，而是准备东山再起，后来“脑白金”成就了他的二次辉煌。

创业本来就是一个未知的旅程，面临太多的不确定性，失败也是在所难免的，那么创业者如何面对创业的失败呢？重要的是要调整自己的心态，调整心态要注意以下六个方面。

第一，对自己的坏心情和情绪进行释放。创业失败是痛苦的，我们不可能做到面对失败依旧云淡风轻，我们首先要做的就是去释放坏心情和情绪。

第二，对自己的思路和心态进行调整。有好心态才能有好思路，这时就要静下心来总结自己失败的教训，为自己寻找下一个出路。

第三，对自己的失败要坦然，要知道成功是特殊现象，不成功才是正常现象。只有经历过失败，才能知道成功的意义。坦然面对失败，是调整心态的重点。

第四，心态要放平和，不要在意别人的闲话。如果你太关注别人对你的看法，你就有可能在失败中一蹶不振。你完全可以把别人对你的非议和嘲笑当作东山再起的动力，重要的是你要心态平和，要懂得反思。

第五，调整好自己的生活状态。有句话说“没有在深夜痛哭过的人，不足以谈人生”，没有经历过失败的人，对生活的领悟能力不会太深刻。你失败过，你对生活的领悟就提高了一个层级，今后的路怎么走是你的心态问题。只有你有不服输的心态，那么你才可能越挫越勇，让你心中的梦继续。

第六，要有学习的心态。当你的能力不足以撑起你的梦想时，你就学习吧。看一些创业指导类的书籍，让自己成为一个有准备的创业者。

在创业过程中，只有做好了心态上的准备，才能在失败来临时坦然面对；才能在失败后及时调整自己的心态，而不被失败的创业经历打垮。其实，从创业的第一天起，我们所面对的都是困难和失败，而不是成功。李嘉诚说过“想成功要花99%的时间想失败”，这样才能做到有备无患。

人在年轻时，最好的事情是有梦想，而最坏的事情是怕失败。其实，失败了又有什么关系？摔倒了就站起来，继续走，一直走到成功的那一刻。

能力准备：老板VS员工

创业者是指挥者、是老板，而员工是执行命令的人，两者是有区别的。员工只需要具备专业知识，能胜任自己的工作，并把工作做好就可以了。而老板不一样，老板的责任更大，面临的压力更大，要处理好方方面面的问题。所以，老板要具备多方面的能力。

有人说过“创业不是游戏，是打天下”，可见创业的艰难程度，没有相当的能力，创业是不可能成功的。如果你想创业，想做老板，那么你要具备以下能力。

一、目标能力

对于一个创业者来说，有一个明确的创业目标是不可缺少的。创业不是一时心血来潮，也不是盲目去做事情。如果没有明确的目标，就像一艘没有舵的船，会飘浮不定。

而成功的创业者，无论人生目标还是创业项目、创业方向都是明确的，他们会尽自己的最大力量来实现目标。目标对创业者来说，不仅仅是奋斗的方向，更是一种对自己的鞭策。有了目标，就有了热情和积极性，会让自己心里感觉很踏实，并能将注意力集中起来去做事情。俞敏洪当初创建新东方的时候，有一个非常明确的目标，那就是做一个真正有意义的培训机构；马云创建阿里巴巴的目标是让天下没有难做的生意，正是因为有了目标，他们才把事业做大做强。目标能力对于创业者非常重要，可以说它是创业成功的起点，有了目标就等于成功了一半。

二、把握趋势的能力

作为创业者，一个最基本的素质就是对趋势的判断和把握。趋势就是事物发展的动向，它表示一种尚不明确的或只是模糊制定的遥远的朝目标持续发展的总的运动。对趋势而言，只有在将起未起的时候，才有意义。李嘉诚曾说过："当一个新事物出现，只有5%的人知道时，赶紧做，这就是机会，做早就是先机。当有50%的人知道时，做个消费者就行了。当超过50%的人时，你看都不用去看了。"

无论你怎么看待趋势，它都无时无刻不在你身边存在，影响着你的创业，甚至左右着你的命运。雷军的小米手机之所以能做起来，除了它的营销方式外，最重要的就在于把握住了趋势。因为前几年智能手机处在一个增量空间，也就是说使用智能手机的人会越来越多，这就是一个趋势，雷军称之为"风口"。

对创业者而言，把握住趋势是至关重要的，只有站在趋势的风口才能飞起来。在赛车的时候，赛车手都是弯道超车，因为在笔直的路上，超车很难实现。一样的道理，在成熟的市场上创业，创业者没有多大机会，只有在新兴市场上，创业才能实现"弯道超车"。所以，创业者要有把握趋势的能力。

三、销售能力

很多成功的企业家都认为，销售能力是创业者的一项基本功。任何成功，都是销售的成功，世界上各行各业取得成就的人，他们的成就都来自销售的基本功。据一项调查表明，90%以上的富豪都是从做推销员起家的，包括曾宪梓、李嘉诚等。

李嘉诚是从推销铁桶做起的，后来他又去推销塑料水桶。由于李嘉诚的销售能力强，18岁便当了公司的部门经理，20岁又升为总经理。后来他自己创业开办了“长江塑胶厂”，凭着他的销售能力成功创业。可以说，创业者最重要的能力就是销售能力。

四、交际能力

交际能力是创业者不可缺少的能力。美国有句流行语说，一个人能否成功，不在于你知道什么，而在于你认识谁。斯坦福研究中心做过一个调查，一个人赚的钱，12.5%依赖其掌握的知识，87.5%依赖其人际关系网，这个结论更证明了人际交往对成功的重要性。

创业者要能够和每一个人打好交道，做到不偏颇，不失公道，照顾好别人的利益，又能让自己从中受益，这是创业成功不可缺少的一种能力与品质。出色的交际能力能给创业者带来更多的人脉资源，有了人脉资源才可能获得更多的创业启动资金，这更有助于自己成功。

五、用人能力

一个人做一件事情不叫创业，创业是一群人去做一件事情。所以，创业者用人的能力也是很重要的。历史上刘邦说过一段很有名的话，有一次他问大臣为什么他能取得天下，大臣们众说纷纭，而刘邦并不认可他们的说法，他自己说：“夫运筹策帷帐之中，决胜于千里之外，吾不如子房。镇国家，抚百姓，给馈饷，不绝粮道，吾不如萧何。连百万之军，战必胜，攻必取，吾不如韩信。此三者，皆人杰也，吾能用之，此吾所以取天下也。项羽有一范增而不能用，此其所以为我擒也。”刘邦说这段的意思就是他会用人。

会用人是创业者领导能力的体现。会用人者不用事必躬亲，运筹帷幄就可决胜千里。对创业者来说，一开始创业就要用对人，如果用的人没能力，事情就干不好；能力太强你可能驾驭不住，最后会造你的反，跟你过不去。所以，创业者要想做出事情来，就要让你所用的人服你，觉得跟你走是有前途的，这样就是遇到困难他们也才能愿意追随你。

六、把控能力

创业者要有对企业的把控能力，在企业发展过程中要把控企业发展的速度、发展的节奏，对什么时候应该增加投入，什么时候应该对产品进行研发都要能很好地把控。甚至对企业发展过程中面临的风险，也要很好地把控。

同时，也要做好对人的把控。就是你要对人性有深刻的洞察，并且对每个人的动向都了如指掌，在满足他们需求的同时，也要能压制他们不合理的要求和欲望，能让他们和你一条心，共同往前走。其实，把控能力是决定你的创业能否成功的一个重要条件。

七、创新能力

新东方创始人俞敏洪说过，“大学生创业项目95%没有创新”，后来他又更改了这一数据，他说：“其实这个比例应该是99%，我所接触的大学生创业项目中，只有1%带点科技创新的感觉。”在俞敏洪看来，所谓创新就是需要你不断把旧的东西去掉，把新的东西引进来，进行体制上的革新、制度上的革新、技术上的革新以及思想上的革新。

对创业者来说，现在创业不是跟着别人随便怎么做都会成功的了，不管做哪行都要有创新意识。360公司董事长周鸿祎说过：“创业者没有创新基本上要失败。”所以说，创业者要取得创业成功，创新能力是必不可少的。

八、自我反省能力

自我反省其实也是一种自我学习的能力。大凡成功的人都有一个共同特点，那就是非常热爱学习、善于学习。美国总统奥巴马说过一句话：“一个黑人能在美国白人世界里站住脚，能有今天，完全靠学习高人的智慧！学习不能决定你的起点，但一定决定你的终点！”

曾子说：“吾日三省吾身。”对创业者来说，在创业过程中难免会遇到困难挫折，这时候自我反省能力就显得特别重要，它能帮你渡过难关。所以，创业者要时时刻刻反省自我，保持清醒，才能少犯错误。

总而言之，创业者需要多方面的综合能力，每一方面的能力都很重要，缺乏任何一方面的能力，都可能影响将来创业的发展。有的能力是天生的，但是大部分的能力是可以通过后天学习、锻炼而得到改善的。对有创业梦想的人来说，从现在开始就要刻意培养自己各方面的能力素质，为将来的创业做好准备。

精神准备：论创业的“持久战”

有句话说得好，“成功者熬，失败者逃”。这句话看似普通，但是对创业者却很有启迪意义。在创业的道路上，创业的模板可能有很多种，然而，但凡创业成功的都离不开创业者的坚持。创业贵在坚持，当你决定创业的时候，就要做好打“持久战”的精神准备。

在“人生”的道路上，成功的“秘诀”在于持之以恒，锲而不舍。创业又何尝不是呢？在创业过程中，坚持是成功的开门锁。联想的创始人柳传志说过：“我认为创业要成功最重要的是，目标一旦确定就要咬定青山不放松，不管遇到什么挫折，都要坚定地一步一步向前走。只有不怕挫折，才能创业成功。”“咬定青山不放松”就是坚持，成功的创业者都具备这种品质。

徐磊现在是布丁移动CEO，他的创业过程也体现了贵在坚持。2001年还在攻读博士的徐磊和几个同窗好友共同创建了同方微电子公司，并从此在硬件领域一做就是九年。

后来，徐磊在研发芯片过程中发现，硬件是一个投资大回报期长的领域，只是没有人愿意在这个行业投资。他认为，“芯片的成本取决于市场规模，出货量越大分摊成本越低。近年来硬件的同质化愈发严重，想在芯片业形成差异化优势要比做软件困难得多”。在工作过程中，他一直在思考行业内的痛点。有一天，他发现有个新兴的领域能够很好地解决芯片生产中面临的各种问题，这就是移动互联网。这个领域带来的全新模式让他看到了机会，于是他离开了同方微电子公司，开始了二次创业。

他这次创业的契机可以追溯到他的学生时代。有一次他去吃麦当劳，发现攒了很多的优惠券在想用的时候却没有一张带在身上。这样一个偶然的机会引发了徐磊对纸质优惠券的思考。直到2008年，移动互联网的到来才让他有了改变这一切的平台。

2010年11月，徐磊正式创立布丁移动。在2011年，徐磊的布丁移动帮助麦当劳做出官方版本的电子优惠券APP，随后引起了其他餐饮企业的关注，他们纷纷转入到电子优惠券这个模式之中。

然而，随着布丁优惠券的不断扩容，徐磊再次发现了问题。很多餐饮企业的优惠券常常是“0点击”，而且这样的现象随着商户的不断涌进越来越多，倒是最早进入的麦当劳优惠券一直将流量稳定在40%左右。这让徐磊意识到，比商户的“多”不如比服务的“精”。

随后徐磊又用了两年的时间对市场进行调查分析：他研究用户使用产品的心态，商户定制优惠券的目的以及团购网站的经营方式。到了2013年，徐磊已将APP打造成“本地精品快餐连锁”的平台。直到2014年4月，肯德基也宣布与布丁合作，徐磊才觉得他的电子优惠券真正形成了对整个行业的改变。

回顾自己的创业过程，徐磊说：“创业是一个长期的过程。如果你的目标仅仅是摆在眼前的一些机会，你会发现身边几乎站满了对手；但如果你为自己设立一个长久的目标，甚至是一个长达10年的产品构想，当你做成的时候你会发现，身边已经没有像样的对手了。深度耕耘一个领域会让整个行业对你的品牌形成认同感，所以创业贵在坚持。走在路上，有时会很寂寞，但一定要相信自己。”徐磊还认为，在互联网的创业浪潮下，能够坚持不懈的人最有可能成功。

有一位著名投资人说过，在中国互联网背景下创业，做什么都能成功。但是坚持很困难。他解释说：“主要是要看团队的信念，这一群人要有共同的信念，能够坚持下来，而不是让别人轻而易举地就挖走，或者离开。”坚持，看起来普普通通的两个字，对于非创业者而言，做到这一点好像很容易；但对于创业者来说，坚持，真的很困难。

所以，很多创业成功的人士都认同创业贵在坚持这一观点。有人说过，创业的这种特性决定了创业之路开始容易，过程很难，收场更难。煎熬是创业的典型状态，创业路上，最常见的不是成功和失败，而是长时间的苦苦挣扎。二六五科技有限公司CEO蔡文胜曾说：“以前创业，没有15甚至20年奋斗，就不可能成为一家知名的公司。现在在互联网创业领域，由于有了风险投资的介入，七八年时间就可能成为一家互联网知名公司。但是对于创业者来说，不经历5到8年的创业奋斗，很难取得大的成功。”

但是，创业的坚持和打“持久战”的前提是方向正确、项目合适和对自己的信心。有些创业者，一开始信心满满，但是在创业过程中会因为种种原因，半途而废，放弃了自己的创业理想。这可能有两个原因，一是方向不对，没有选到自己真正感兴趣的项目。二是心理太脆弱，有急功近利的心态，希望快点看到创业的成果，一旦短期内看不到效果，心态就不对了。所以，创业者要选择真正适合自己的创业项目，还要有坚持不懈的信心和决心。

巴斯德有句名言：“告诉你使我达到目标的奥秘吧，我唯一的力量就是我的坚持精神。”成功没有秘诀，贵在坚持不懈，毁于半途而废。做到坚持既容易又简单，说容易是因为只要愿意，人人可以做到；说难是因为很少有人能坚持下来。

在创业的道路上，坚持是可贵的。因为坚持是一步步引导创业者走向成功殿堂的阶梯，坚持更是人生的一种境界。古人说“骐骥一跃，不能十步；驽马十驾，功在不舍”，同理，创业成功的秘诀不在于一蹴而就，而在于是否能够持之以恒，是否能够坚持打“持久战”。

时间准备：7×24小时待命

作为普通打工者，生活时间比较自由，工作时工作，休息时休息。而创业者就不同了，你一旦开始创业，就不要再期待有休息时间，你的生活将与你的工作“合二为一”。创业者是要7×24小时待命的，因为创业者需要把自己的一切都献给自己的事业。

创业是辛苦的，会花费大量个人时间，必须24小时待命。360的董事长周鸿祎说过：“每个创业者在热血沸腾地想象未来自己准备用几年时间取得成功甚至超越成功者时，应该冷静下来扪心自问，我是否已做好准备，把那些成功者所吃的苦、受的磨难、承担的压力也在几年里经历一遍甚至加倍？”

创业者的时间表上没有生活时间，因为他们在时刻准备着。胡润研究院曾做过一个调查，他们调查了500名至少是千万级别的富豪，从公布的调查结果看，这些富豪平均工作日睡眠6.6个小时，三成亿万富豪工作日睡眠不足6个小时。凡是成功的创业者，他们都牺牲了大量的个人生活时间，全身心地投入到工作中。

腾讯董事会主席兼CEO马化腾，虽然他创建的企鹅帝国改变了几亿人的生活方式，但是为了创业他也牺牲了自己的时间。就是腾讯的员工对老板的作息时间也是有苦难言，以前马化腾经常半夜一两点也不下班，为了解决问题，大家只好陪着他工作到深夜。

马化腾的这种工作方式，就连他的父母都受到了影响，他的母亲曾说：“孩子越成功父母越辛苦。马化腾事业成功了，但在生活上还得我们照顾他，他老爸退休后还得给他熨衣服呢。由于作息时间不一样，我们也要经常等他到半夜。有一次他老爸因为等他，竟在沙发上睡着了，得了重感冒。”

在创业的道路上没有人能够随随便便成功，每个创业者可能过的都是非人的生活。华为公司有一种“床垫文化”，这是任正非在创业时留下的传统。刚创业时华为人的工作可以说是没日没夜，累了就趴在桌上，或在地上找张泡沫板、纸板，席地而卧，睡一下，醒来接着干，每天都是加班到很晚。

有时睡到半夜，有货车到了，不论是很重的蓄电池，还是机柜，人们都要立即起来，卸完再睡。大多数人，以此为家，不少人一连几天都没下过楼，有时候连外面天晴天阴，有没有下雨都不知道。任正非是典型的工作狂，他把事业看得比家庭还要重要，他鼓励员工拼命工作。有数据称，欧洲研发人员的工作时间约为每年1400小时，而华为研发人员的工作时间翻了一番。

成功的创业者都是工作狂，他们创业的时候一心扑在事业上，公司是他们唯一关注的焦点。时间对他们来说永远都是不够用的，他们每天都会工作很长时间，休息对他们来说是奢侈品。所以，他们的成功不是偶然的，除了上面提到的任正非和马化腾，很多成功的创业者工作的时间都很长。江南春从早8点工作到凌晨2点，周鸿祎过年也在加班，李开复随时随地工作，宗庆后工作就是生活，顺丰王卫坚持19年每天工作14个小时。

创业者一旦开始创业，就不是一个人的事了，它会牵扯家人、股东、员工以及合作的客户。为了不让这些人失望，创业者会面临很大的压力。俗话说，“开门七件事，柴米油盐酱醋茶”，创业者每天一睁眼就面临着房租、水电、工资、货款、现金流等一系列压力。公司的大小事情都装在创业者的脑袋里，他们无时无刻不在梳理、思考，这都会改变创业者的生活状态及心态。

所以，创业是很苦逼的事情，它会把你以前的生活全部打乱。聚美优品CEO陈欧说过，他以前在美国读书的时候，生活安排得非常好，上午上课，下午打高尔夫，晚上去健身房或者和朋友一起喝一杯聊聊天，过得非常充实，非常注意学习和生活的平衡。但是回国创业后，他基本从早上9点开始上班，见人、会谈等，晚上回家基本就剩下睡觉的时间，只有在周末的时候才会有时间抽空和朋友们聚餐、喝酒或看电影。他说：“人生每个阶段都是不一样的，现在创业的阶段，对我来说，工作就是我的生活。”

可能对所有创业者来说，“工作就是生活”都成立。创立“理财范”在线融资平台的申磊，将创业定义为自己的一种生活方式。他说刚创业的时候，他是早上九点上班，然后忙到晚上才睡觉，生活中除了创业就没有别的事情。就是现在，他也是每天近12点才能睡觉，要见客户，见媒体，拍宣传片，招聘，参与节目录制等。

对于有志创业的人来说，要有时间准备，因为你一开始创业，就意味着你没有时间陪伴家人，没有时间约会，没有时间享受生活，创业会成为你生活的全部。你必须全天候待命，每时每刻都要准备迎接挑战。因为，公司的每件事情都需要你做决策，每个决策都可能影响公司的生死存亡。很多时候你必须独自扛住，因为这是你的责任，你不能逃避。对创业者来说，你的时间表上没有你的生活时间，创业就是你生活的全部。

身体准备：绝不允许生病

毛主席说过“身体是革命的本钱”，其实对创业者来说，身体也是创业的本钱。创业者创业的前提条件是身体健康，如果没有一个健康的身体，一切都是空谈。因为，创业是遭受磨砺的过程，创业者不仅工作量大而且工作时间长，还要面对各种压力。如果没有一个好身体，那么必然是顶不住的，更不要说承受创业重任了。

曾经有一个风险投资人，他在选择投资公司的时候，就看三个要素：一是商业模式的成长空间，二是创业团队的执行能力，三是创业者的身体是否健康。为什么要把创业者的身体健康也作为一个考察因素呢？这位风险投资人认为，创业是个相当艰辛的历程，不仅需要精力旺盛的体魄，还要有坚强的意志和良好的心态，这些都依赖于身心健康。

有一个说法流传很广，“健康是1，其他都是0”。这个说法把健康比喻为1，其余什么车子、房子、票子……都可以视为0。如果没有前面的1，后面那些则全都没有意义，所以健康是一切的前提。可口可乐总裁迪森曾经这样说过：生活如同一项抛球运动。你的双手必须轮流抛掷“工作”“家庭”“健康”“朋友”与“精神生活”五颗球，而且不可以让任何一颗球落地。你将很快发现：工作是一颗橡皮球，如果它掉下去，会再弹回来。而其他四颗球，“家庭”“健康”“朋友”与“精神生活”是玻璃做的，如果你让其中任何一颗球落下，它都会损坏，甚至粉碎。

对一个创业者来说，什么才是公司的核心竞争力呢？你也许会说是产品、技术、资源等。毛主席早就教导我们说：“决定战争胜负的不是一两件新式武器，而是人。”再先进的武器也需要人来操作。在创业上也是一样，你的产品再优秀、技术再先进、资源再优越都需要人去管理、执行、发展。所以，人是企业的核心竞争力，而人的体力、智力和能力都需要以身体健康来保证。事实上，一些成功的企业家，都是非常注重身体健康的。

李嘉诚是亿万富豪，现在八十多岁了，仍然在管理着庞大的企业。曾经有人问李嘉诚说，李嘉诚先生您八十几岁了，还在管理这么大的公司，整天满世界地跑，您忙得过来吗？您的身体受得了吗？为什么不交给年轻人去做？李嘉诚笑了笑反问道：“你每天早上睡到几点？”那人回答说八点。李嘉诚说：“在你起床的时候，我已经打了三个小时的网球了，你觉得是你应该退休，还是我应该退休了？”

大家知道马云可能是因为他“商界精英”的身份，其实，马云还有一个鲜为人知的身份——太极拳的忠实爱好者。早在20世纪80年代，马云就痴迷打太极拳，2009年又专门拜师入行。马云说过：“可以有人替你开车，替你赚钱，替你花钱，但没人替你生病！什么东西丢了都可以找回来，但是有一件东西丢了永远找不回来，那就是命。”

无论是创业还是经营企业都需要健康的身体，没有健康，其他都是虚无的。作为一个创业者，创业的时候都是很拼命的，但这不等于要拼了命去创业。如果失去生命，还怎么去创业呢？对创业者来说，身体和创业是分不开的。如果创业者没有好身体，三天两头生病，不仅会影响创业团队，也会影响公司的运营。因为，创业的路程很长，要走完创业道路的前提是拥有健康的身体。创业者只有拥有健康的身体才能应对创业路上的种种磨难和煎熬，才有可能最终实现自己的梦想。

然而，相关调查显示，许多创业者已陷入了事业与健康难以两全的境地：每天超长时间工作，节假日也不休息，甚至还要经常熬夜加班，还要应对各种各样的会议和商务应酬等，这些使创业者缺乏体育锻炼的时间，普遍出现身体健康欠佳的状况。而身体健康对创业者是很重要的，那么，对于准备创业的人来说如何给自己一个好身体呢？要保持身体健康要注意以下几个方面。

第一，饮食要合理，养成良好的饮食习惯，尽量按时吃饭，特别要重视早餐。尽量少食油腻的食物，多吃新鲜蔬菜水果。同时，要戒烟，适量饮酒。

第二，坚持运动，要选择一项自己喜欢的项目长期坚持。运动是生命的源泉，人只有长期锻炼才能有健康的好身体。

第三，保证充足的睡眠，这能帮助你提高工作效率。追求高效的工作方式，才会让你有更多的时间关注健康。

第四，学会缓解精神压力。因为创业不易，要面对种种压力，创业者要加强自己的身心修养，保持平常心。

第五，定期做身体检查。不要把健康当作可以随意挥霍的资本，要增强自我保健意识。创业失败了可以从头再来，而失去健康就可能再也没有成功的机会了。

创业是一项艰辛的工作。从你创业开始原先每周的5天工作制就已离你远去，你每天天明就得起床，有时深夜还可能要加班加点。创业不仅仅在体力上消耗极大，还必须忍受巨大的心理压力，所以说创业者有健康的身体是至关重要的，有了健康的身体才能更好地创业。

责任准备：所有事情你都无法逃避

创业并不是美好的事情，要做好多方面的准备，面对各种压力。特别是心理上的压力是很多创业者难以忍受的，压力主要来自责任。在创业过程中，创业者要面对方方面面的事情。在企业里，所有人都可以逃避，但是只有创业者不能。对创业者来说，所有的事情都不能逃避，都得撑住，因为这是创业者的责任。责任对创业者是很重要的，它关系到创业能否坚持下去。所以，创业者在创业前要做好责任准备。

责任心关系到创业的成败，有很强的责任心才会把企业看得重要，才能全身心投入工作。责任心也是强化企业核心竞争力的秘密武器，它会提高创业者完成任务的勇气和决心，增强其执行力。

同时，有责任心才能承受较大的创业压力。创业者每天都要考虑怎么让企业活下去，对创业中出现的问题，创业者也依赖不了别人，只能靠自己，所以创业者必须是十项全能选手。58同城公司总裁兼CEO姚劲波说过："创业就像是一个十项全能比赛，它是对领导者智力、情商、体能、人格魅力等各方面综合能力的大考验，有一个环节出现差错，就有可能前功尽弃。"所以，成功创业者都是有强烈责任心的多面手。

1950年，22岁的李嘉诚决定创业，他用自己做推销员时积攒下的一笔钱，又向亲友借了一些，共5万港元，创立了长江塑胶厂。他之所以给自己的创业取名“长江”，其寓意为“长江不择细流，故能浩荡万里”。从这个名字可以看出李嘉诚的胸襟与抱负，这也是他给自己的责任。

在刚创业时，李嘉诚为了节约成本，到远离市区的地方租廉价的厂房，技工、设计、推销、采购、会计、出纳，几乎什么事都是他一手操持。他白天是推销员、采购员，晚上是技工、设计师，还担负着会计和出纳的职责。在李嘉诚的经营下，随着塑胶产业的日新月异，塑胶厂得到了很好的发展。

虽然他的企业取得了不错的发展，但是李嘉诚作为企业的创始人，并没有满足于这一现状。他居安思危，坚持学习，时刻考虑着塑胶厂的未来。一次他在阅读英文杂志《塑胶》时，在一个不起眼的角落，看到意大利生产塑胶花的消息。李嘉诚凭借敏锐的洞察力感觉到，这是一个千载难逢的商机。

1957年，李嘉诚迅速行动，直飞意大利。但是想要学到塑胶花技术也不是那么容易的，意大利塑胶厂保密工作做得很好，他根本接触不到生产技术。为了学到塑胶花制作技术，他扮演成打工者到厂里去打工，主动和厂里的技术工人接触，一点点地搜集技术资料。很快，他完全掌握了制作塑胶花的各项步骤和技术要领。回到香港后，李嘉诚开始生产塑胶花。

他生产的塑胶花一推出，就受到人们的欢迎，在7年时间里，李嘉诚获得了数千万港元的利润。长江公司成为世界上最大的塑胶花生产基地，李嘉诚也被誉为“塑胶花大王”。

这世界上机会有很多，有的人之所以能抓住机会，就是因为他有责任心，勇于担责。创业者的价值在于有强烈的责任心，因为敢于担责任才会获得信赖，才能带领企业员工创造企业的辉煌。

作为创业者，管理的知识或技巧是可以通过学习获得的，但是创业者的重要素质之一——责任感，则是要不断培养的。只有敢于担责任才能让团队成员对创业者产生“信赖”，才能让团队成员全心全意地追随你，全力以赴投入到事业中。

创业者是创业团队的主心骨、顶梁柱，遇到再困难的事情，别人可以推，可以拖，可以逃，而创业者不能这么做。美国总统杜鲁门的门上有一个这样的标语：buckets to there，意思是说：水桶传到这里。这句话来源于一个典故，当英国人刚刚踏上美洲的时候，住的地方如果离水源地比较远，人们就排成队，以传水桶的方式把水运到生活区来，这是当时的一个传统。后来这句话得到了引申，变成了“把麻烦传给别人”。杜鲁门的门上贴这样的字条，意思是说，任何人的问题到自己这里结束，自己不会把麻烦传递给别人。这就是负责任的态度。

在创业过程中，员工都可以将麻烦传递给别人，而创业者不能，麻烦到了他这里，就应该终结，他必须负起自己应该承担的责任。其实，负责任不仅是对自己负责，对企业负责，而且还要对投资人负责，这是商业的本质。

责任感是敢于面对应该做的事情、值得做的事情和有必要做的事情。社会学家戴维斯说：“放弃了自己对社会的责任，就意味着放弃了自身在这个社会中更好的生存机会。”对创业者来说，放弃了自己的责任，就等于放弃了自己的创业机会。

创业就意味着承担更多的责任。随着互联网创业的飞速发展和国际形势的不断变换，尤其在当前经济发展的状态下，创业者要承担更多的压力和责任，所以创业者要做好责任准备。

梦想准备：创业是一种信仰

马云说过：“我觉得创业者首先要有一个梦想，这很重要，你没有梦的话，为做而做，别人让你做是做不好的。”有句话说，“人生需要信仰，创业需要梦想”。其实，创业不仅需要梦想，也需要信仰。马丁·路德·金说：“信仰就是说在你看不见整段楼梯的时候就踏出了第一步。”对创业者来说，创业本身就是一种信仰。

创业的结果是未知的，这是一个“无中生有”的过程，在这个过程中，有无数的未知。创业的起点可能是一点创意、一点想法，至于能不能成功是个未知数。在创业的过程中，还会遇到很多困难和挫折。正如《创业家》杂志社社长牛文文说的那样，“从一个普通人变成创业家，这个意义和难度不亚于从猿人进化到人。人变成创业者要舍弃很多，修炼很多，只有亲身经历过才能体会”。创业不易，所以创业者一开始就要有对自己所做事情的信仰。

58同城的创始人姚劲波把创业比喻成“修行”，修行需要先有信仰，有了信仰才能承受创业过程中的艰辛。姚劲波也认为，创业能走向成功的核心是那些“软实力”，信仰就是其中之一。信仰与热情不同，如果创业者是凭着一时热情而创业的，那么在遇到困难的时候热情可能会立刻随之消失。信仰是一种精神力量，它能让你遇到再大的挫折也坚韧不拔、不懈坚持，直至成功。

2005年，姚劲波创立58同城的时候，他和投资人都很有信心，认为只需要三四年58同城就能上市。后来他们发现这是个很难的事情，因为要培养中国几千万中小商户上网的习惯，让他们喜欢用58同城这个生活服务平台去营销，同时还要找到用户喜欢、商户接受的收费模式，这是个艰难的过程。他们用了3年时间，才完成了第一个100万户的注册。

姚劲波在创业过程中，遇到过很多困难，特别是资金困难。当时58同城规模还很小，正好又赶上金融危机，没有人敢给他投资，融资特别辛苦。公司没有钱，发不出工资，他回家拿了老婆的银行卡给员工发工资。到了后来，58同城账上真的一分钱都没有了，姚劲波卖了个域名，换了几十万出来给大家发工资。那个时候，办公室一张桌子坐三四个人，并且每个人面前都没有电脑，只有一部电话，他们疯狂地打电话。

就是在最困难的时候，姚劲波也非常有信心。这种信心来源于他对美国排在前十的大网站进行的研究。当他发现Craglist（美国创立的一个网上大型免费分类广告网站）是全球分类信息网站的鼻祖时，就喜欢上了这个模式，并且坚信它能给用户和商户搭建信任平台，最终使用户的选择更为简单。他相信自己所做的事情是正确的，是有价值的。7年后，58同城成功上市，现在市值40多亿美元，2015年又与赶集网完成了合并。

创业者需要有信仰作为支撑点，有了信仰不论你创业过程中遇到多大的困难，都会坚持走下去。事情往往会由于你多坚持了一下，眼前就会豁然开朗。坚持信仰是许多企业家成功的秘诀。

雷军创立小米手机的时间并不长，却取得了耀眼的成就。小米取得了成功，雷军也取得了成功。小米之所以取得成功，既有雷军对自己梦想的坚持，也有小米公司对其企业信仰的坚持。

雷军在18岁的时候就有一个梦想，那就是创立一家世界上最好的软件公司。在40岁的时候，他仍然有这个梦想。在他创立小米之后，坚持企业信仰成了他制胜的秘诀。他经常对小米的员工讲，要做到三个坚持：第一个坚持是认认真真做产品，真材实料不偷懒。第二个坚持是不管公司有多大，都要坚持与消费者做朋友。第三个坚持是创业心态。这三个坚持就是小米企业的信仰。

每个人都有自己的信仰，坚持自己的信仰才是最重要的，创业者都要为自己的信仰而奋斗。创业信仰其实就是一种创业精神，对创业者来说，那些具有开创性的思想、观念、个性、意志、作风和品质等都是创业精神的表现。在21世纪人人都需要有创业精神，哈佛商学院院长尼汀·诺里亚说：“无论他个人或者哈佛商学院甚至整个哈佛大学，都会以创业者的姿态去面对21世纪所有的变化与挑战。”面对今日之世界，他又建议人人都要具备创业者精神。

对创业者来说，创业是一种信仰，信仰源于梦想。有了梦想才能有信仰，有了信仰才不会因为创业的艰难而放弃自己的梦想。

第三章

建班子：创业成功始于“人”

任何事业的成功都离不开人才，创业也是一样。现在不是单打独斗的时代，而是团队的时代。你决定创业了吗？那你先要组建你的创业团队，优秀的团队是创业成功的保证。有一个投资人说过，他投资不是看项目，而是看团队。好团队比好项目重要，事都是人干出来的，你有了一支优秀的创业团队，你就具备了创业成功的保障。

你的创业团队应该是怎样的?

在投资圈里，投资人都很注重创业团队，有位投资人说过：“投资投什么？我认为一是团队，二是团队，三还是团队。”在投资人看来，投资不是投的项目，而是投的人，投的创业团队。

团队是创业成功的最重要要素之一。当今社会已经不是单打独斗的时代，企业想做大做强单打独斗肯定是不行的。有三次成功创业经历的空中网CEO杨宁说：“一个人创业要成功，其前提是建立一个真正高效能、高战斗力的团队。”

武汉有一家专门替人跟腿办事的公司叫“小王跑退”，它是由武汉工程大学的硕士毕业生王志创立的，现在已经有了20多个合作伙伴。王志的公司招人，学历最低本科。王志之所以只招高学历的人，是因为他认为跑腿门槛比较低，但他想打造一支高素质的跑腿团队，做行业中的精英。

“小王跑腿”的主要业务是代办各类证件，代送文件、礼物，甚至送外卖，凡是跑腿的事儿，无所不揽。这是个新兴行业。王志说：“市场上还没有相关规范条例，大量跑腿公司涌入造成行业内鱼龙混杂，很多客户不敢将重要的事务委托给跑腿公司办理。”所以，打造一支优秀的团队是十分重要的。

5年时间，王志的业务范围扩展到了香港、杭州、北京等城市，甚至在韩国和澳大利亚也有了自己的跑腿员。“小王跑腿”采用“互联网+服务”的经营模式，客户通过网店、微信联系业务，依据需求商定好价格，顾客满意了再确认付款。

现在，“小王跑腿”已将自己的跑腿业务升级为“U-Time时间管家”，按照王志的说法就是打造一个网络平台，让更多愿意销售时间的人入驻其中，把时间卖给客户，帮助客户更好地规划时间。目前，他们的目标是逐渐形成多元化的跑腿业务，依靠优秀的团队，“跑出个精彩未来”。

汉能投资的陈宏则说：“作为一名创业者，要具备领导者的素质。要有很强的组织团队的能力，能够把一些优秀人才聚拢在自己身边，把大家的心凝聚在一起。”一家企业能走多远，取决于创始团队是否足够强大。

对于创业公司来说，面临的最大问题是人才问题。创始人的个人能力再强也无法独撑一家企业，只有好的团队才会做出好的产品。所以，在创业初期要组建一支优秀的团队是十分必要的，要建设优秀的团队，首先创始人要优秀。北极光创投创始合伙人邓锋说：“合格的创始人必须对团队做出足够的承诺和投入，创始人必须有能力找到更强的人加入公司，并且有能力创造和影响这个公司的理念和文化，还有一点很重要，创始人不能自私，要能把公司利益放在个人利益之前。一个人不自私，总可以找到矛盾的突破口和解决方法。一个人如果自私，上帝也帮不了他。”

那么，对创业者来说，如何组建一支优秀的团队呢？我认为要注意以下几个方面：

一、团队成员要知己知彼

一般来说，在刚开始创业的时候，团队的核心成员都比较少，但是不要认为人少就容易管理，容易统一思想。每个人都是独立的个体，都会有自己的想法，看事物的观点也是不一样的，有的人心里可能还存着不服管的念头。

所以，管理者要重视团队中的每个成员，对团队中的每个成员都应该非常熟悉。每个人不但要清楚自己的优缺点，还要对其他成员的长处和短处也要知道得非常清楚。这样的好处就是能避免团队成员之间因互相不了解而发生矛盾和纠纷，还能快速提高团队的向心力和凝聚力。

二、团队成员最好形成优势互补

俗话说“麻雀虽小，五脏俱全”，对创业团队来说也是一样的。对一个初创团队来说，不能都是清一色的技术人员，也不能全部都是搞销售的。优秀的团队应该是每个人都有自己的长处，当大家结合在一起的时候，正好形成优势互补，相得益彰。

一个优秀的团队最好包括这几种人：第一，战略决策者，这种人创新意识比较强，能把握公司未来的发展方向。第二，策划者，对公司所面临的风险和机遇能做出周到全面的分析，对成本、投资、收益来源以及预期收益都能考虑周详。第三，执行者，这种人执行能力强，可以负责具体的执行过程，包括联系客户、接触终端消费者、拓展市场等。

三、要有合格的领导者

在创业中，一直强调团队的核心竞争力，然而，在创业团队中，领导者的作用是非常重要的。在创业团队中，必须要有合格的领导者，这种领导者是大家在共事的过程中发自内心认可的。

在创业中，一个人的能力再强，也不可能包揽所有的事情。俗话说：“一个篱笆三个桩，一个好汉三个帮。”创业团队成员之间的互相帮助也是创业成功的重要因素，特别团队成员的人脉关系，可将团队发展得更大，这对提高创业的成功概率都有不可低估的作用。

创业本来就是一个未知的旅程，每个团队成员都有可能犯错误，这就要求团队成员之间必须互相宽容。“妈妈说”网的董事长说过：“一旦组成了团队，那最重要的就是宽容。什么是宽容呢？就是说，如果我的合作伙伴做出一个错误的决定，这个决定甚至让公司遭遇了灭顶之灾，而之前我们也讨论过、争论过，但最终还是按他这个决定走了，这个决定导致了失败，这时你还要能够坦然接受这个后果。”如果在这个时候，大家都推脱责任，指责对方，不但于事无补，还可能激化矛盾，给创业带来损害。宽容的前提是信任，所以团队成员之间的互相信任，也是非常重要的。

对创业者来说，如何建设一支优秀的团队，是整个创业过程中都必须要面对的问题。你的创业团队什么样子，决定了你在创业路上能否走得顺利。

创业虽易，找对的合伙人不易

创业，一个人很难成事！因此，必须合伙！合伙创业能降低创业的风险，而合伙人在创业过程中可以互相商量、互相帮助共同解决企业在发展中遇到的问题，合伙人关系着企业的前途和发展。

但是，有很多失败的创业案例中，大部分的原因是创业合伙人之间关系不融洽或存在内讧，最终导致散伙。所以，创业之前找对合伙人是十分重要的。而合伙人指的并不是员工，而是在创业的过程中有时间、有精力、有能力，能够起到积极的辅助作用的人，而不是随便找个什么人都可以做合伙人。

北极光风险投资公司创立者邓锋，对选择创业合伙人有自己一套独特的心得。他说：“人是没办法改变的，所以建团队的时候，一定要一开始就找能合得来的，而不要寄希望于将来能够改变对方。看人我主要看两条，一是有没有合作的精神。中国人，都有很强的创业精神，但往往做到一定程度就分家，自己和自己竞争，最后谁也做不大。第二就是有没有开放和学习的能力，能不能学得很快。”所以，在创业过程中，只有选对合伙人，创业才可能成功。

1996年8月，赵文权、孙陶然、吴铁、许志平和陈良华5人合伙创立了蓝色光标。蓝色光标是中国第一家上市公关公司，目前也是亚洲规模最大的营销传播集团，市值接近180亿元。现在西门子和百度、腾讯都是他们的客户。

创立公关公司是赵文权倡议的。1992年，赵文权大学毕业后在王府井卖鞋，后来在同学孙陶然的劝说下辞职去了一家公关公司，虽然那时候他不知道公关是什么。1994年3月，赵文权受邀担任公关公司路村咨询的总经理。两年后，老板停掉路村，赵文权没了工作。但是他感觉到未来社会需要这个行业，他想创办一家公关公司，他就找到孙陶然要拉他入伙创业。赵文权的想法正合孙陶然之意，两人一拍即合。然而孙陶然觉得两人的力量太小，于是又邀请了许志平、吴铁和陈良华3人一起创业。许志平、吴铁和陈良华是赵文权在工作中认识的朋友。

赵文权后来说：“当时大家是不错的朋友，觉得几个人在一起可以做一些事。”由于5个人都对公关业有共同的直觉，觉得这行业有前途，所以坐下来谈创业很容易达成默契。5个人每人出资5万元，人均持股20%，开始了创业。许志平认为，赵文权是学政治的，吴铁是学财务的，孙陶然是学经济的，他和陈良华是学电脑专业的，他们几个具有不同的专业背景，相互之间可以互补，大家又有互信，所以才凑在一起干。

创业过程中他们也会有分歧，但是这5个合伙人在多次分歧后仍能走到最后，做大做强，重要的原因是他们对“一票否决制度”的严格执行。“一票否决制度”就是决策任何事情，只要有一个合伙人坚决不同意，那就得放弃。由于这一制度的坚持，在他们创业的十几年中，蓝色光标5个创始人组成的合伙关系颇为牢固。

在创业合伙中，只有合伙人目标一致、方向一致时，力量才是最强大的。对创业者来说，寻找一位合适的创业合伙人和寻找合适的伴侣一样重要。有个比喻说得很好，遇到合适的合伙人很像遇到真爱，你们可能是在人群中突然四目相交迸出火花的。

那么，对创业者来说如何找到合适的合伙人呢？我认为小米寻找合伙人的经验值得我们借鉴。真格基金的创始人之一徐小平说小米公司是“人类历史上达到百亿美元销售，百亿美元估值发展最快的公司”。小米四年400亿估值是和它找到合适的合伙人分不开的。

一、团队第一，产品第二

创业成功最重要的因素就是团队，其次才是产品，有好的团队才有可能做出好产品。基于这样的认识，雷军在小米创业之初找人的时候，非常注重团队的力量。在小米有这样的案例，当候选人犹豫不决的时候，雷军与创始人团队会选择以“车轮战”的方式轮番上阵面谈，直到对方答应加盟为止。后来，一位小米手机硬件结构工程负责人开玩笑说：“赶紧答应下来，不是那时多激动，而是体力不支了。”

二、创业前“找人”是创始人最重要的工作

再精良的团队，也是由人组成的，所以创业之初找人尤其重要。小米在创立的第一年，“找人”就占去了大多数时间。为了找到合适的人，小米方面甚至还找了“经纪人”与候选人谈，“找人”之路可谓困难重重，但是再难这也是必须要跨过去的坎。

三、寻找能独当一面的合伙人

创业其实是个高危选择，现在看来很有成就的公司，当初可能也经历过九死一生。比如马云创立阿里巴巴，在1995年的时候，马云就带团队做中国黄页，结果失败！1997年做网上中国商品交易，结果还是失败！今天阿里巴巴的成功和它的创业团队是分不开的，尤其是马云和他的创业“十八罗汉”。

所以，创始人要把团队搭建好，让合伙人各负责一块，这样才能保证整个决策过程迅速有效。

四、找到最好的人

小米方面有个说法，一个好的工程师不是顶10个，是顶100个。所以，创始企业在招聘员工时，要用最好的人。最好的人本身有很强的驱动力，你只要把他放到他喜欢的位置上，他就能把事情做好。

乔布斯说过：“我过去常常认为一位出色的人才能顶两名平庸的员工，现在我认为能顶50名。我大约把四分之一的时间用于招募人才。”据说乔布斯一生大约参与过5000人的招聘，“找人”一直是乔布斯最核心的工作。

五、合伙人一定要有创业心态

有创业心态的人，做事情会有更高的主动性，并且会不怕辛苦，任劳任怨。小米的员工一天工作接近12个小时，而且这样的状态已经持续了几年。曾有人这样问小米员工：“如何看待小米6乘以12小时工作制？”没想到一位小米员工是这样回答的：“坚决反对加班。但是如果是创业就算了，创业意味着工作就是生活，何来加班？我每时每刻都在工作。”创业是一个艰辛的过程，如果没有创业的心态是难以坚持下去的。

徐小平在一次路演中对合伙人的重要性进行了着重强调，他说：“合伙人的重要性超过了商业模式和行业选择，比你是否处于风口上更重要。”对创业者而言，如果找不到合适的创业合伙人，创业真的很难成功。

招聘人才一定要“放长线”

“21世纪什么最重要？人才！”这是电影《天下无贼》中的一句经典台词。可以说，无论干什么事情，人才都是成功的重要因素。现在的企业竞争可以说是人才的竞争，因为任何企业的发展壮大都离不开人才。

对于企业的创始人来说，面临的首要问题就是招聘人才。然而，一些初创公司当他们开始招聘合适人才的时候，可能由于时间紧、压力大，一时很难找到合适的人选。尤其当合适的人迟迟不出现的时候，创始人可能会急于填补空缺而降低选人的标准。这样做其实是对创业不利的，创业者应当“放长线”，花更多的时间去比较和挑选最适合自己团队的队友、同事。然而，在创业过程中，大部分创业者在人才招聘方面所花的时间都不够。但是，在招聘人才方面，雷军在创办小米之初，曾花大量的时间寻找合适的人才。

雷军在创办小米之初就决定组建一支超强的团队，为了完成这个任务，他在公司成立的前半年至少花了80%的时间找人。

小米有一个非常经典的招聘人才案例。小米公司缺乏硬件方面的工程师，而有一个工程师无论从资历还是经验技术方面都非常适合小米。为了让这个工程师加盟小米，雷军与创始人团队以“车轮战”的方式轮番上阵与其谈判。而这位工程师一直都犹豫不决，于是与这位工程师的谈判从中午1点开始，聊了4个小时后，这位工程师憋不住了，去了一趟卫生间。回来后雷军对他说，饭准备好了，吃完饭咱们继续聊。后来一直聊到晚上11点多，整整12个小时，打动了这位工程师，最后工程师说：“好吧，我已经体力不支了，还是答应你们算了！”

由于雷军在招聘人才上的努力，他找到了非常合适的人才。他们全有技术背景，平均年龄42岁，经验极其丰富。其中，3个本土成员加5个海归，他们来自金山、谷歌、摩托罗拉、微软等，土洋结合，理念一致，大多管过超过几百人的团队，充满创业热情。

小米公司2010年4月成立，到2012年时，小米销售手机719万台，实现营收126.5亿元，纳税19亿元。3年时间，它的销售收入突破百亿，当时小米模式引发热潮，它刷新了中国互联网公司的成长速度。

小米成功的核心原因就是小米拥有一支优秀的团队，拥有一批优秀的人才。为了招聘到优秀的人才，可以说小米不惜一切代价。为什么小米要花费这么大代价招聘人才呢？因为雷军认为，只有优秀的人才，才能做出一流的产品。

有的创业者可能抱怨招聘不到优秀的人才，而雷军说：“如果你招不到人才，只是因为你投入的精力不够多。我每天都要花费一半以上的时间用来招募人才，前100名员工每名员工入职我都亲自见面并沟通。”可见，招聘人才不能急躁，要多花费精力，花费时间。

对创业者来说，创业公司节奏追求快、狠、准，传统雇佣制已无法满足创业公司对人才的需求，招聘人才成为创业公司的普遍痛点。那么，创业者怎么招聘人才呢？我认为要注意以下几点：

一、要使出更多的时间和精力去做招聘

在刚开始创业的时候，企业创始人面对的工作千头万绪，普遍花在人才招聘上的时间不够。但是要知道，招聘人才永远是创业者所做事情里最重要的，优秀的公司都是和优秀的人才相辅相成的。在人才的招聘上，创业者必须亲力亲为，需要花更多的时间和精力去看人，要想获得那些有潜力的候选人对你公司的青睐，还必须要和所有面试的人进行面对面的交流沟通。

二、关注能找到候选人的正确渠道

人脉是你招聘到人才的一个重要渠道，有句话说，最好的候选人来源是朋友或者朋友的朋友。为了找到优秀的人才，创业者必须积极主动，不要把招聘范围局限在那些正在寻找工作的人身上，有的人从来不去找工作，这时候你就要主动出击。

找候选人是一项长期的工作，你甚至需要与一些可能未来一年都不会考虑换工作的人交流，让他知道你需要什么样的人。这样做的目的是不仅可以利用他的人际网络去寻找候选人，而且可能有一天他就会去你公司上班。

三、找聪明、高效的人才

对创业公司来说，聪明、高效的人才是招聘的要求，有的创业者在招聘的时候往往容易忘记这一原则，可能招来的人根本不好用。其实，招聘聪明、高效的人并不难，只要在一个具体领域进行深入交流，并提出正确的问题，这样创业者基本能判断候选人的聪明程度。

有的企业创始人不想在招聘人才上放长线，不想花费太多时间，往往随便找个人了事。这样招到的人往往不合适，但事实上，多花时间招聘人才有其自身的价值。像雷军一样花80%的时间招人也不为过，因为团队才是企业发展的核心。所以，创业者招聘人才一定要“放长线”。

价值观一致是招聘的第一条件

在现在的职场上，80后、90后逐渐成为主力。在过去的职场上提倡干一行、爱一行，而现在的员工是爱一行、干一行，如果不爱了，大不了走人。甚至有的员工一言不合就要离职，不管是率性而为也好，还是冲动使然也罢，但是对于企业来说都不是啥好事儿。

对企业招聘来说，随着行业的发展，不但要能找到合适的人才，还要让人才充分发挥价值，使他们对企业发展起到积极作用，这才是现代招聘的终极目的。企业要想留住人才、人尽其才，招聘的时候候选人与企业的价值观一致是第一条件。

有人把企业招聘员工比喻为婚姻，在婚姻关系中只有双方的价值观一致，婚姻才能稳定。在企业中，企业与员工一旦因为共同的价值观而走到一起，这种关系就很难破裂。企业的价值观，是企业文化的一部分，价值观听起来虚无缥缈，然而它在员工内心释放的正能量却是真实存在的。

沃尔玛是世界上最大的零售公司，它的“抠”也是出了名的。沃尔玛的老板出差从来不坐头等舱，从来都是坐经济舱，住酒店也是住普通的常规酒店。在公司里，复印纸要求双面使用。沃尔玛的老板在管理公司上是一分钱一分钱地节省。沃尔玛老板这近乎苛刻的节俭是公司的榜样，上行下效，公司里所有员工也像他们的老板一样节俭。

沃尔玛公司之所以这么抠，是和其价值观分不开的。沃尔玛公司的价值观是：为顾客节省每一分钱。由于他们的节俭，在相同利润率的前提下，沃尔玛会给顾客更多的优惠。由于沃尔玛公司从老板到员工在价值观方面一致，这推动沃尔玛形成了自己鲜明的风格，也做到了基业长青。

在企业里，员工的主人翁意识、积极主动的工作态度和创造能力直接决定着企业的生存与发展。企业员工能这么做的前提是要与企业的价值观相一致，相同的价值观会使员工在追求职业生活中自我价值实现的同时，自愿、持久地为企业做出贡献。哈佛大学一位教授从一项调查研究中发现，按时计酬的员工每天一般只需要发挥20%~30%的能力用于工作就足以保住饭碗。如果能充分调动其积极性，那么他们的潜力将发挥到80%~90%。

然而，在生活中我们常常听到一些离职人员说“我不喜欢这个企业”或者“这个公司对我没有吸引力”。之所以出现这样的情况，很可能是因为员工与企业的价值观出现偏差或者不匹配。如果是这个问题，那么企业就很难吸引并留住优秀人才。就像婚姻中两个人的志同道合一样，企业与员工在价值观上也需要匹配。企业与员工价值观相匹配，始于招聘，招对了人，才能留得住人，否则只会造成人力的浪费。事实证明，人才招聘的成本远远大于人才培养。

世界知名公司在聘员工的时候，都会根据公司价值观创新出一些独特的招聘方式。韩国三星公司实行无简历招聘，它是按照公司的价值观标准对应聘者进行测试，过了初试后再进行深入了解，必要时甚至派人与应聘者共同生活一段时间，进行实地考察。麦当劳在招聘人时，找的是相貌平平但具有吃苦耐劳和创业精神的人。而思科公司，鼓励员工介绍亲朋好友加入思科。这是一种以价值观为基础的招聘，成功率很高。因为员工对公司的价值观很熟悉，也知道亲友是否认同公司的价值观，所以经内部员工介绍进来的人，与企业关系稳定性与协调性都很高。

如果应聘者与企业的价值观不一致，即使他们很有能力，在短期内能够为企业创造价值，但从长远看，他们也会对企业的发展产生不利影响。所以，企业在招聘人才时，要把认同企业价值观作为考察的最重要标准，把符合企业价值观作为录用应聘者的前提。

为了避免人才与企业的价值观不一致，在招聘源头就要把好关。所以，企业在招聘人才时，要注意以下几个方面：

（1）在招聘员工时，员工不仅要赞成企业的价值观，而且也要能表现出来。招聘人员可以通过应聘者与企业员工的交流来观察他们，进一步了解他们。

（2）要很清楚企业的价值观和文化。如果应聘者赞成企业的价值观，他可能就会留下来；如果对企业的价值观有偏见，应聘者就会一走了之。

（3）不要把价值观和才干相提并论。如果应聘者有才干，但不认同企业的价值观，这样的人不能用，因为就算用了将来也留不住。

对创业者而言，刚开始创业时通常把应聘者的能力看得很重要，往往忽视了其价值观。但是，在工作过程价值观的不匹配一旦出现，不但会影响到员工的工作积极性，而且也有可能造成人才流失。所以，创业者在招聘人才时要把价值观一致放在第一位。

创业性格：学习能力强的新人PK资深人士

对创业者来说，学习能力是很重要的，这也是很多投资人所看重的。在中国创业，对创业者要求比较高，因为创业者可能面对的是一个全新的领域，如果没有超强的学习能力，就不可能很快地接受新事物，这对创业是很不利的。

在初创业的时候，能力比你强的人不愿意跟你干，找个能力比你弱的人，你成功的概率就小。而且无论找什么样的人，创业者都需要自我学习，所以创业者的学习能力是至关重要的。特别是在“互联网+”时代的创业，更需要创业者有超强的学习能力。

在“互联网+”传统产业这一领域，就是资深人士也没有经验，要利用互联网对传统产业进行改造，就需要有快速的学习能力，这也是创业者必备的素质。

美团网是2010年3月4日由王兴创立的，这是一家通过互联网链接消费者和线下商家的公司。在创立美团网之前，王兴有几次创业，他是从创立校园网开始的。他之前创业所做的都是互联网公司，并且创业团队也只有十来个人，而且餐饮、电影行业是他从未涉足的。自从美团网创立至今，线下团队已经发展至数千人，分布于全国数百个城市，与几十万个商家打交道。

2011年，陈华意识到如果再不出来创业，就会错过这一波移动互联网浪潮，于是他辞去在阿里巴巴的职位，创立了唱吧，这也是他的第二次创业。虽然在他最初做这款软件的时候，他并不懂音乐，但现在这款产品有了上亿的用户。

在互联网创业领域这类例子还有很多，程维以前在阿里巴巴做销售，而他创立的滴滴打车却改变了人们的打车方式，虽然他刚开始创业的时候并不懂出租车行业。就是创立小米公司的雷军，也不是手机产业出身。

王兴与陈华虽然在以上行业中都不是资深人士，但是在互联网创业大潮中，他们却在各自不熟悉的领域开创了一片新天地。从他们创业的案例中我们可以看出，过去长期积累的经验并非是最重要的，唯有快速的学习能力才是制胜的法宝。

对创业者来说，怎么判断自己的学习能力呢？那就是不论做什么工作都能在短期内做到比较优秀，这就是学习能力比较强的表现。在“互联网+”时代，新事物、新技术层出不穷，创业者唯有具备快速的学习能力，才能看到机会，才能抓住机会。

在现代社会，如果没有快速的学习能力，即使经验再丰富的资深人士，也看不到互联网创业浪潮下的机会，他们的经验甚至还会妨碍他们发现新的机会。例如在二手车领域，资深的二手车交易商对这个行业可能再熟悉不过了，但是对于外界的技术创新他们却视而不见。

对上面出现的这种情况，你可以说是乱拳打死老师傅，或者说外行人颠覆内行人。其实，利用互联网技术对传统行业进行改造，在这一块领域做起来的人很多是没有传统行业经验的。在“互联网+”时代下的创业，要求创业者必须不断学习、吸收，更新自己的知识储备，调整自己的思维方式。那么，创业者如何提高自己快速学习的能力呢？我认为可以通过四种方式来实现，概括地说就是两个理性和两个感性，两个理性即理解与理会，两个感性即感受与感知。

理解在学习过程中能锻炼我们的理解能力，通过理论化、结构化的表达或书写在文本上去了解一个新的东西。理会，就是通过与别人交流，学到自己之前所不知道的东西，主要是从别人的言谈举止当中学习到别人长时间积累下来的经验知识。感受就是要进行实践，通过实践把学习到的知识运用到实操当中去。感知就是自己习以为常的思维观念在受到外来事物的碰撞时，会在较短的时间里颠覆掉你此前的一些思维惯性。

创业是一个发现新事物的过程，在这个过程中寂寞与孤独会时常相伴，有时候创业者还要与自己的内心做斗争。但是只要创业者的学习能力够强，就能在自己的内心建造一个精神王国，以此来对抗创业路途中的孤独，进而形成自己的价值判断，使自己不至于盲目从众。

在现代社会学习是相对容易的，互联网的发展使信息的获取非常容易，可能前人需要花费很多时间、精力才能获得的经验，在今天可能因为互联网上的一个提问就能得到答案。对创业者来说，学习过程中既要阅读，也要与人交流，更要通过实践来获得经验。

由于互联网的快速发展，创业者的快速学习是必然的。如果创业者想在新领域内创业，就需要先通过学习，把这个行业了解清楚，因为每个行业都有各自的商业逻辑。在“互联网+”时代，传统的商业逻辑并不适用于新行业，创业者唯有快速学习才能在这波互联网创业大潮中与资深人士一决高下。

优秀团队要用“心”栽培出来

创业不是随便组建个团队就行了，成功的创业都有一支优秀的创业团队。在创业初期，创业团队的凝聚力、合作精神、立足长远目标的敬业精神会帮助新创企业渡过危机，加快它们的成长步伐。同时，团队成员之间的互补、协调，会对新创企业起到降低管理风险、提高管理水平的作用。

对创业者来说，优秀的团队不是天上掉下来的，而是创业者用“心”栽培出来的。其实，培养团队不是一件简单的事情，也不是一件短时间就能达到理想结果的事情，这需要创业者有一定的耐心和智慧。创业者和自己的员工打交道，是需要很多技巧的。我认为创业者要培养好自己的团队，要做好以下几个方面。

一、招聘具有最佳潜质的潜在人才

招聘对企业来说非常重要，特别是对于刚刚起步的创业企业来说，拉起一支队伍、组建个团队，更是首要的工作。但是，初出茅庐的创业者是很难找到一流人才的。因为创业企业在竞争人才方面，比不过大企业。

与招聘现成的人才不同，招聘潜在的人才相对容易，因为这些人有千里马的潜质，但还没有表现出来，他们愿意加入那些能给他们机会显露自己才能的创业企业。那么，创业者需要做的就是给潜在人才提供机会和愿景，这样就很容易招聘到潜在人才。

然而，发现潜在人才需要创业者独具慧眼，但是这并不是很“玄”的事，这里是有一定判断标准的，那就是候选人的品质一定要好。自信，干工作有冲劲；工作中不怕犯错误；能经受住批评；吃苦耐劳；在工作中能提出对自己的质疑和表达不满，又有思考能力听得进去意见。如果候选人具有这些特质，同时又有清楚的个人目标，那么这个人基本上就是潜在的人才。

其实，优秀的人也是在不断变优秀的。一个普通的人如果肯努力、肯上进，就算起点比较低，也会比一个不愿努力的天才取得更多的成就。有的优秀人才，刚开始也是非常普通的人，经过不断的自我磨砺，最终变成了优秀人才。所以，创业企业在招聘人才的时候，要多考虑一下潜在人才，当潜在人才成长为真正的人才的时候，你就占到了先机。

二、耐心培养人才

人才是需要培养的，俗话说“十年树木，百年树人”。人才培养是需要一个过程的，也是不容易的，需要有耐心。凡是出人才的公司，每个人都被精心培训、打磨过了。

在创业的时候，很多创业者虽然对自己的团队不满意，但也仅仅是批评一番了事。然而，创业者往往忽略了一点，团队是需要精心培养的。如果创业者没有亲自打磨、没有亲自带队、没有犯过错误，那就不可能用自己的逻辑去培养人才。对人才的培养要做好专业的指导、用心的倾听、仔细的分析、悉心的引导，激发员工的斗志，建立良好的互动关系。

其实，创业公司解决人才问题的最好办法就是创业者的言传身教。创业者要给员工做好示范，但是也要给他们成长的空间，因为员工学习吸收知识的能力是不同的。在培养团队过程中，只有创业者亲自带着团队摸爬滚打，这样的团队才不是一群只知道听从上面发号施令的人，而是一支真正的团队。所以，在人才的培养上，创业者要敢激励敢放手，让人才迎风成长。

三、重构工作流程使工作简单易上手

初创企业刚开始时困难会很多，在各方面都没有优势，在竞争激烈的市场上，只有让企业快速发展才能生存下去。创业的快速发展离不开团队的快速前进，那么，怎么才能让团队快速前进呢？唯一的办法就是重构工作流程，使复杂的事情简单化。

刚开始时员工都还处于成长期，对工作流程还不是很熟悉，这时候是不可能把产品做到极致的。要想员工把产品做到极致，除非把员工操作的难度降到最低。那就是让员工之间分工合作，在这方面有一个很典型的案例就是美国的汽车大王福特创造的流水线生产方式。每个工人只负责一项工作，就是没有专业技术的工人，只需要经过简单的培训就能参与到复杂的汽车生产当中。

对创业者来说，如果你的创业项目需要的人才标准比较高，那么你就要重构工作流程，最好是让普通的员工，经过简单的培训就能做到最好的水平。这样不仅会让员工有成就感，而且也会提高你的产品竞争力。所以，只有让员工上手的难度也比竞争对手小，你才有可能实现目标。

四、真心关心员工的成长

员工对团队的认同可以提高员工对企业的归属感和凝聚力，员工对团队认同的前提是自己能在团队中成长进步。所以，创业者要真心关怀每个员工的成长，给每个员工都提供了向上发展的无限空间和可能性。

员工对团队的认可是打造优秀团队的前提，优秀的团队能齐心协力去做一件事情，能做到一荣俱荣一损俱损，而不会相互扯皮、推诿。这就需要创建一种让每个员工都不得不进步的企业文化，让每个员工都成为不可或缺的一部分，并得到尊重。关心员工的成长进步，才能让员工感觉到自己被重视，这也有利于提高企业的向心力、凝聚力。

对企业者来说，不可能一开始就拥有一支优秀的团队，优秀的团队都是经过磨炼才能培养出来的。所以，创业者需要多花精力、时间去打造一支真正属于自己的优秀团队。

做好激励，才能稳住人心

创业者都不希望员工是单纯奔着钱来的，因为社会上这样的人太多。虽然这么说，但是企业的老板一定要多替员工考虑财务问题。社会是现实的，谁也不能免俗，因为都要养家糊口，都想过上体面的、有尊严的生活。创业本来就不易，对于愿意跟着企业打拼的员工，创业者不能光嘴上说得好，也要给他们实实在在的利益。这样才能财散人聚，稳住人心。

企业管理者要想稳住人心，让员工拼命工作为企业创造更多的效益，让员工在工作中付出最大的努力，就要对员工进行有效的激励，这样才能把员工的潜能激发出来。如何让员工在工作中付出最大的努力，这是每个管理者都必须面对的问题。

激励源自需要。企业的管理者要了解员工，除了薪酬和福利待遇等最基本的需要之外，还存在着安全的需要、归属的需要、社会的需要、自我价值实现的需要等多方面的需求。人因为有了需求才有动力，企业的激励是让员工经过努力工作去满足自己的需求，这样激励才能起作用。凡是激励做得比较好的企业，员工的工作积极性都高，而离职率都比较低。

在海底捞有这样一个规定，一个店长离职，只要任职超过一年以上，给8万块钱，就算是被竞争对手挖走，钱也照样给。如果是小区经理（大概管5家分店）离职，给20万；大区经理走，送一家火锅店，大概800万。海底捞的创始人张勇解释说，因为在海底捞工作太累，能干到店长以上，都对海底捞有贡献，应该补偿。然而，在海底捞发展十几年的历史中，店长以上干部上百人，拿走这笔钱的只有三个人。

为什么海底捞的干部离职这么少？其实，除了干部，就是员工也很少有离职的，这是为什么？那就先看看海捞的待遇吧！海底捞的服务员，有权给任何一桌客人免单，这是海底捞的授权文化，让员工有主人翁感。在待遇上不仅是钱的问题，海底捞员工住的是有物管的小区，房间内有电脑、wifi，衣服有阿姨洗，饭有阿姨做。在对员工培训时，包括如何使用ATM机，如何乘坐地铁，如何买卡、充值等都要进行培训，目的是让从农村出来的员工尽快融入一个城市。这种待遇，让员工们都心存感激。

作为餐饮企业，海底捞不考核翻台率，他们考核的是客户满意度、员工积极性。但是海底捞的员工比谁都重视翻台率，这都是附加的、随之而来的，其实这和员工的积极性是分不开的，海底捞员工真诚的微笑，就来自这里。还有对员工的尊重和了解，让每个员工都有成就感。海底捞的员工有一种向心力，所以很少有员工离职。

勒波夫（M.Leboeuf）博士在《怎样激励员工》一书中指出，世界上最伟大的原则是奖励，受到奖励的事会做得更好，在有利可图的情况下，每个人都会干得更漂亮。海底捞做得这么好，就是因为它有一套有效的激励机制。激励机制是通过一套理性化的制度来反映激励主体与激励客体相互作用的方式。对企业来说，激励机制就是企业管理者对员工的奖励。

一般来说，根据需求的不同，可将激励分为四大类：成就激励、能力激励、环境激励和物质激励。

一、成就激励

人都有追求自我成就的动机，都想追求自我价值的实现。按照马斯洛的需求层次理论，对成就的需求是一个相对较高的需求层次。随着社会的发展，人们的需求层次会越来越高。当工作已经不再是人们谋生手段的时候，人们就会追求在工作中的成就感。所以，成就激励是对员工的一项重要的激励内容。

二、能力激励

人虽然有多层次的需求，但是不可能每一个层次的需求都会完全得到满足。人一般在满足部分需求后，就会转身追求其他方面的需求。所以，企业管理者要不断提升员工的个人能力，这样既激励了员工，也满足了企业发展的需求。

对员工能力激励方面，一般采取培训的方式，通过培训提高员工的工作能力，让其承担更大的责任，做更有挑战性的工作，为其晋升到更高岗位创造条件。在许多公司中，培训已成为一种奖励方式，这不仅让员工有成就感，而且也大大提高了工作效率。企业管理者在对员工进行能力激励时，要了解员工的工作兴趣和特长，并进行有针对性的培训。这样做既利于员工能力的提高，也有利于工作效率的提高。

三、环境激励

环境包括企业文化环境和客观工作环境两个方面，企业管理者也要考虑到员工对工作环境的需求。要满足员工对环境方面的需求，要做好两个方面。一是企业的政策环境与文化激励。企业的文化与企业的政策环境是相关联的，企业管理者要尽量创造能发挥员工的潜力，调动他们的积极性、主动性和创造性的文化氛围，并在这种文化环境下确立企业的政策环境。二是客观环境激励。就是为员工创造一个舒心的办公场所，安静和舒适的客观环境能大大地提高员工的工作效率。

四、物质激励

物质激励是最普遍的一种激励方式，它主要包括薪酬、福利待遇等方面。物质激励是基础，它关系到员工的社会地位、社会交往、自我实现等高层次需要的满足。但是，随着社会的发展，这种普通的物质激励手段成效越来越不显著。很多企业已经放弃了这种激励方式，采取了新的体现以人为本的管理思想的激励方式。例如现金期权制的激励，就是经营者承诺在指标达成后给予一定方式的现金奖励，但奖励采取分期或延期兑现的方式。

这种激励方式把以往的短期激励变成了长期激励，能让员工保持长期的工作热情，避免了工作中的短期行为。还有就是员工持股方式的激励机制让员工成为企业的所有者，他们参与企业的经营、管理和利润分配，这种激励方式对员工产生的激励作用是巨大的。

在激励的选择上要因人而异，因为每个人的需求是不一样的，有的员工可能追求物质，而有的员工可能把获得荣誉、发展机会、能力提高等其他利益看得更重。所以，企业的管理者必须加强与团队成员的交流，针对各成员的情况采取合理的激励措施。只有把激励做好了，才能稳住人心。

开除这件事，是创业团队的大事

对创业团队来说，开除这件事是牵一发而动全身的大事，轻则元气大伤，重则股权变动，公司哗变。所以，创业者在开除人上要三思而行。

创业公司的首席执行官大多数是不愿意开除员工的，他们认为员工的招聘与培训都是不容易的。同时，创业者往往还会认为，公司刚创业，工作多任务重，那些人都为公司或多或少做了些贡献。如果有些员工的任务没有完成，创业者就会让别的同事帮他们做。那么创业者有没有想到这对其他人不公平呢？因为那些人的工作效率不高，拖慢了整个团队工作效率，如果投资人、客户知道公司有这样的员工，他们就会认为公司管理不严格，管理不严格的公司是没有前途的，这就会对整个创业事业带来损害。

有的创业者可能会认为那些人在团队中很受欢迎，开除了他们会影响其他员工的情绪。其实，这是创业者的一种错觉，没有人会因为开除了不合格的员工而闹情绪。再说，即使那些人真的很受欢迎，那也只是表面上而已，因为他们拖沓的工作习惯不仅拖慢了整个团队，也给别人带来了麻烦。真实的情况是，创业者每拖一天，其他人的失望就多一分。

可能有的创业者还会认为，那些人没把工作做好是自己没管理好。这种把责任推到他人身上的想法是不可取的，作为创业者你需要管理的是一支优秀的团队。在工作中自己做好榜样，并给员工一个合适的工作环境，而那些损害团队利益的员工要坚决开除。有的创业者怕开除人后，投资人会说他招人不严谨。其实，投资人看到你开除人，他会更放心，因为一个不稳定的团队，不可能变成一个优秀的团队。从来不开除人的公司是没有的，如果有肯定是公司有问题。

马云创办阿里巴巴时，招聘了很多哈佛、斯坦福以及国内高校毕业的MBA（工商管理硕士），后来这些人中95%都被马云开除了。马云说过，做事做不来的工商管理硕士们，必须被开除，否则，阿里巴巴会完蛋。

2000年时，马云拿到了软银孙正义的投资，这时候正处于互联网泡沫的尾声。在这种形势下，马云认为公司将进入全新的大企业发展阶段，原来的创业人员的历史使命已经结束了。当时他觉得创业人员只能担任连长以下的职位，而团长级以上必须由MBA担任。

这时候，马云从哈佛、斯坦福以及国内高校招聘MBA。那个时候，在阿里巴巴核心高管团队里，一共有12个人。除了马云，其他人全部是MBA。但是在短短几年中，这些知名院校的MBA纷纷被马云“劝退”了。

马云对这些人的评价是：口才一流，执行力末流，讲起理念来头头是道。但是他们说的这些道理，马云自己也可以讲得更头头是道，需要他们发挥价值的地方是企业应该如何加强管理，然而这些MBA却往往无从下手。

马云是务实的，他看重的是“做事”，就是那种经验和理论互相推动下的执行能力。所以马云曾比喻说，职业经理人履历卖相再好也没用，没有执行力，就好像把一架飞机的引擎用在拖拉机上，最终还是飞不起来。

金庸给马云的一幅题字是：“善用人才为大领袖要旨，此刘邦、刘备之所以创大业也。愿马云兄常勉之。”马云认为适用的人才是人才，所以在阿里巴巴谁能够做出成绩谁就是人才，否则顶着再多的MBA、EMBA、博士、博导等的帽子都没用。

对创业者来说，选择人才时要宁缺毋滥，对不合适的人要勇敢地开除，这样对双方都好。不要怕招不到优秀的人才，只要你的团队是优秀的，自然就能把企业做好，有了成绩之后，自然会有人才来追随你。

所以，创业者要创建优秀的团队，有些人是必须要开除的，并且不能手软，这些人具有以下特点：

（1）道德品质差。人们常用道德品质评判一个人的好坏，道德品质差的人被称为小人。司马光说过“有才无德为小人”，小人是坚决不能用的，他们的才干越大，将来的破坏力也越强。

（2）不懂感恩。不懂感恩的人，自认为自己能力很强，有了成绩时，不会感恩自己的平台，也不会去感恩曾经对他有过支持和帮助的任何人。

（3）不愿意学习的人。这种人故步自封，本来自身素质就不高，还不愿通过后天的学习、培训来提高。这样的人不能深刻认识自己的缺陷，也不能虚心接受并改变，是不值得培养及任用的。

（4）不忠诚的人。有人说过，忠诚比能力重要。董明珠表示人才第一个要具备的条件是忠诚。站在创业者的角度来说，员工必须对公司忠诚，不能做损害公司、老板利益的事。同时，也不能漠视损害公司、老板利益的现象。不忠诚的人容易背信弃义，所以这样的人坚决不能任用。

对创业者来说，开除某个员工是你工作职责的一部分，但是糟糕的是很多创业者却不知如何做好这件事情。有的创业者在需要开除员工的时候总是畏首畏尾，有的干脆极力避免这样的事情，不断忍受着员工犯错，直到企业被拖垮。

所以，创业者在开除员工时不要犯以下三个错误：

（1）久拖不决。对于不适合的员工，应该快刀斩乱麻，如果久拖不决，不仅会伤害你的企业，还会对这个员工也造成伤害。无论是为了你的发展还是为了你员工的发展，让他们尽早离开对谁都好。

（2）没有对员工的错误进行提醒。在员工刚开始犯错误的时候，如果你没有给他们提醒或忽略了为他们提供指导和帮助，这是很严重的失误。你的指导和帮助或许能使他们避免下次再犯错误。如果员工犯错的时候，创业者直接将员工辞退，不给他们修改的机会，这样做是非常不可取的。应该首先对他们进行提醒，如果提醒后他们还无法进步，那么再辞退他们。这么做无论是这个员工自己，还是团队中的其他成员，都会理解你的这个做法，而不会对你产生不满。

（3）让对方以为你是针对他们。在企业创立初期，开除一个员工对创业者来说，确实是一件非常难的事情。在这种情况下，你一定要谨慎选择措辞，尽量不要让对方以为你这样做是在针对他们。

对创业者而言，如果这件事情处理不好，就会给创业带来损害。但是作为一名创业者，你必须学会狠下心来，用最正确的方式做好辞退员工这件事情。只有经历了所有这些挑战，你才会成为一名更加优秀的创业者。

第四章

定模式：创业4.0时代，赢在商业模式

商业的成功往往是商业模式的成功，我们可以看到，凡是创业成功的企业，都拥有独特的商业模式，例如，阿里巴巴、腾讯、百度、美团等。在创业4.0时代，商业模式决定了创业能否成功。所以，在创业前一定要先找到自己的商业模式，这是创业成功的基础。

商业模式到底是什么？

现代管理学之父彼得·德鲁克说过，当今企业之间的竞争，并不是产品之间的竞争，而是商业模式之间的竞争。那么，商业模式到底是什么呢？它包含什么要素？又有哪些常见类型呢？

“商业模式”这个词出现在20世纪50年代，真正使这个词流行起来是40年后的90年代。现在商业模式已经成为创业者和风险投资者挂在嘴边的一个名词，人们相信，好的商业模式是企业成功的保障。

然而，对商业模式的解释众说纷纭，由于这个词被广泛使用和传播也不过才20来年时间，对它的定义至今没有一个权威的版本。在各种定义的版本中，我认为哈佛商学院教授克莱顿·克里斯滕森对商业模式的定义更好一点，他说：“商业模式就是如何创造和传递客户价值和公司价值的系统。”

然而，从总体上来说，商业模式的概念非常宽泛，我们经常看到、听到的包括运营模式、盈利模式、B2B模式（中文简称“商对商”模式，是电子商务的一种）、B2C模式（中文简称“商对客”模式，是电子商务的一种）、“鼠标加水泥”模式、广告收益模式等，都是跟商业模式有关的说法。简单地说，商业模式就是你能提供什么样的产品，能给用户创造什么样的价值，在创造用户价值的过程中，用什么样的方法获得商业价值。这就包含了商业模式四个方面的要素，即客户价值主张、盈利模式、关键资源和关键流程。

第一，客户价值主张，就是你能给客户带来什么价值。

客户价值主张是商业模式的核心要素，也是其他几个要素的前提。这也是最基本的商业逻辑。商业的本质是价值交换，市场经济中，交易是一种双方或多方的自愿交换。你手上有有价值的东西，才能与别人进行交换。对创业者来说，在创业之前，就要想清楚你的目标客户是谁，你能为他们提供什么价值。

第二，盈利模式，就是要有一个好的赚钱方式。

很多创业者开始设想的是公司成立后，能赚多少多少钱，这只是盈利的可能性，而不是实际的盈利模式。有盈利可能和有实际的盈利模式不是一回事，因为盈利需要有合理的收入模式和成本结构。例如，很多做互联网的公司设想的盈利模式是广告收入，然而实际上，互联网广告是一个“赢家通吃”的市场，1%的公司占据了90%的市场份额。如果你的互联网公司不能排名靠前，盈利是不可能的。再说互联网是一个很烧钱的行业，这就导致成本结构很不合理，那么这个盈利模式基本上是不靠谱的。

第三，关键资源和关键流程，这主要体现在公司的执行力方面。

在商业模式的四个要素中，客户价值主张是和公司战略相关，盈利模式是和销售、运营相关，而关键资源和关键流程考验的是公司的执行力。对创业者来说，关键资源和关键流程这两点是不能忽视的。创业者不能把自己所谓的关系当关键资源，关键资源是自己建立的有竞争力的组织。在关键流程上，创业者不能迷信自己的个人能力，而疏忽了制度和流程方面的建设。这样的疏忽可能导致的结果是企业熬不过初创期，即使熬过去了，企业也很难发展壮大。

以上四个要素决定了商业模式的分类。商业模式可分为两大类，即运营性商业模式和策略性商业模式。运营性商业模式创造企业的核心优势、能力、关系和知识，主要包含两个方面的内容，一是产业价值链定位；二是盈利模式设计。策略性商业模式可以说是对运营性商业模式的扩展和利用，它涉及企业生产经营的方方面面，包含有业务模式、渠道模式、组织模式等。

商业模式还具有两个方面的特征。首先，它是一个整体的、系统的概念，而不是由单一的因素组成。其次，商业模式的各部分之间是有内在联系的，它们之间互相支持，共同作用，形成一个良性的循环。一个成功的商业模式必须具备以下三个方面的特征：

第一，成功的商业模式要能提供独特价值。

这个独特的价值可能是一种新思想，也可能是产品和服务。这种商业模式要么能够向客户提供额外的价值，要么能使客户获得更多的利益。

第二，这种商业模式是竞争对手难以模仿的。

这种商业模式就是使企业产品和服务与众不同，你能做到而别人很难做到，这样才能保证利润。例如，人人都知道戴尔的运作方式，但是戴尔的商业模式是很难复制的。因为戴尔不是简单的直销，它有一整套完整的、极难复制的资源和生产流程。

第三，成功的商业模式能做到脚踏实地。

这就是企业有好的盈利，能做到收入与支出保持平衡。这虽然是个简单的道理，但是很多企业很难做到。对创业者来说，要清楚地知道自己的利润从哪里来，为什么客户会选择自己的产品和服务，哪些客户能给企业带来利润，这些都是很重要的。

对创业者而言，创业的成功就是商业模式的成功。现在做企业已经不是靠单一产品或者技术就能打天下的时代了，也不是靠一两个小创意或者一次投机就能决出胜负的时代了。创业要有好的商业模式，所以设计商业模式是创业者首先要考虑的问题。

商业模式对创业的重要性

未来企业的竞争，将是商业模式的竞争。因为每一种新的商业模式的出现，都意味着一种创新、一个新的商业机会的出现。那么对创业者来说，把握住这种商业机遇，就能在创业中占得先机。

商业模式可以说是创业者的第一课，创业者在选好行业后，接下来要做的就是设定企业的商业模式。商业模式对于创业者是很重要的，一个好的商业模式等于成功了一大半。前时代华纳首席技术官（CTO）迈克尔·邓恩所说："相对于商业模式而言，高技术反倒是次要的。在经营企业的过程当中，商业模式比高技术更重要，因为前者是企业能够立足的先决条件。"可见，商业模式对企业具有重要意义。

据《科学投资》杂志调查显示：在创业企业中，因为战略原因而失败的只有23%，因为执行原因而夭折的也只不过是28%，但因为没有找到商业模式而失败的却高达49%。商业模式是关系到企业生死存亡、兴衰成败的大事，企业要想获得成功就必须从制定适合该企业的商业模式开始，创业也是如此。凡是成功的企业，都有一个好的商业模式。

苹果手机一上市就能达到让人疯抢的程度，要买它的新产品还要提前预约。现在苹果公司是世界上最大的科技公司。要知道在20世纪90年代的时候，苹果公司一度处于破产边缘，今天苹果公司的成功，就是得益于它商业模式的成功。

苹果的商业模式是纵向一体化的，看似苹果只卖了一部手机，但是苹果公司把手机作为终端，向用户销售内容产品，比如电影和音乐。其实，在苹果公司看来，手机就是上网终端，向用户销售音乐和电影才是苹果公司最赚钱的行业。现在它的音乐商店已经有了大约80亿首歌曲、2亿多部电视剧和2000部电影。

除了销售音乐和电影，苹果也销售多样化的软件，现在由于它销售的游戏软件，已经使苹果成为重要的手持游戏机平台。苹果公司最终会把手机变成一个超越手机功能的多样化平台。

苹果的这一商业模式推广之后，不仅使苹果公司在上游控制了众多的音乐厂商和电影公司，同时在下游也拥有数以亿计的广大消费者。苹果公司的这一模式使它成为科技界的老大。

苹果公司这种商业模式的成功，在于它抓住了时代发展的趋势。它把握住了移动互联网的浪潮，把手机引入了互联网，使手机成为网络终端。让手机从人们通信的工具，变成人们的帮手，使人们在移动时也能做很多事情。

其实，每个企业都有自己的商业模式，好的商业模式不仅是企业成功的基础，而且也可以形成壁垒，使市场上很难出现模仿者。比如茅台，是通过文化将茅台塑造成独特的产品，从而拥有自己的定价权的。腾讯是一家即时通讯企业，这是它给人们的印象，然而它的商业模式是新的社交公司。人们使用QQ、微信不是为了通信而是为了社交，腾讯的产品有庞大的用户群，人们已经对它的产品产生黏性，可以说现在没有谁能撼动腾讯。

对创业者来说，创业是要在现有的市场模式下分得一杯羹。因此，一个独具特色的商业模式对创业者来说是至关重要的。其实，对投资者来说，他们也希望自己所投资的项目有一个好的商业模式。所以，创业者必须要选择一个好的商业模式，这样才能在融资时说服投资人。

那么，什么是好的商业模式呢？有很多创业者在创业时，都说他们有很好的商业模式，很多时候他们的商业模式不是商业模式，而只是一个商业创意而已。商业创意是创业者对未来的潜在客户提供前所未有价值的新思路，它是基于市场运作层面的，至于效果如何、企业能不能盈利则存在不确定性。而商业模式反映了企业的项目为企业盈利的能力及相关设计，当然，一个好的商业模式必须是有创意的，如果这种创意没有经过设计，那么就不会成为商业模式。好的商业模式是企业战略的核心组成部分，它将为企业带来持续的盈利能力。

商业模式对创业者来说就像是做菜，你不仅要做得出来，还要好吃才行。如果你只是弄了一堆菜，不做任何的加工处理，这样就不能称为商业模式，称为商业创意还差不多。要知道商业模式是可以包装商业创意的，它能把你的商业创意变成一套运营体系，变成一套运营方法，然后利用这套体系和方法来产生价值。

在互联网时代的创业，大多数的商业模式都依赖于技术。创业者们在互联网上创业，发明了许多全新的商业模式，这些商业模式完全依赖于现有的和新兴的技术。创业者们利用技术，可以以最小的代价，接触到更多的消费者。

总而言之，商业模式对创业者是十分重要的，创业要的不是钱，而是商业模式，没有一个好的商业模式，创业就只是一个梦想。

商业模式VS战略定位

在创业过程中，不仅商业模式起着重要作用，而且战略定位也极其重要。一个成功的企业，不但要有一个好的商业模式，而且它的战略定位也必须是正确的。战略定位不仅是企业战略的核心，而且也是商业模式的核心。如果企业的战略定位不正确，那么也必然会影响到企业的商业模式。

市场发展千变万化，社会经济环境也在不断地发生改变，这就决定了一个商业模式不可能是一成不变的。当原有的商业模式不再适应企业发展时，就要对商业模式进行重新塑造，在这时候战略定位的作用就非常关键。如果企业的战略定位错误，那么对商业模式的塑造也就无从谈起。所以，企业必须要做好战略定位，为企业的商业模式奠定良好基础。其实，每家公司都有自己的战略定位，清晰的战略定位指明了企业的发展方向。

马云把阿里巴巴战略定位为“国家企业”，在2015年的一次演讲中，他对这一战略定位进行了解读。

马云说，阿里巴巴将会进行“很大的变革”，整个公司将从组织、文化、人才方面进行全面提升，以面对未来10年的发展，这些发展都要进行全球化。与此同时，阿里在体育、医疗、学校等“健康快乐”产业的布局，也在有条不紊地进行当中。

未来的5年，马云将聚集三个主要战场：一个是全球化，一个是农村战略，第三个是真正把自己公司变成一个DT（数据）时代的云计算大数据的公司。马云对阿里巴巴的定位不是普通的民营企业，也不是国有企业，而是“国家企业”。就像三星是韩国的国家企业，奔驰是德国的国家企业，谷歌和苹果是美国的国家企业一样。

马云之所以对阿里巴巴做出这样的战略定位，是因为马云认为未来阿里巴巴的发展一定会有很多磨难，而他希望阿里巴巴像百年老店楼外楼一样活得很久。

阿里巴巴上市后，已成为名副其实的国内互联网公司领军企业。而马云为阿里巴巴的战略定位，就是为了寻找新的增长点。企业的战略定位都是为企业未来的发展服务的，只有企业的战略定位成功，企业的商业模式才能成功。

企业在做战略定位时还要特别注意，就是要遵循差异化。差异化的战略定位，不但能使你的产品和服务同竞争者的区别开来，而且决定着企业能成功进入并立足市场。著名的战略学专家迈克尔·波特早在其20年前的名著《竞争战略》中就指出了差异化战略是竞争制胜的法宝，他提出的三大战略——成本领先、差异化、专注化都可以归结到差异化上来。

差异化就是要做到与众不同，给客户提供独特的价值。这种战略定位不仅为客户提供了更多的选择，也为市场提供了更多的创新。其实，战略定位与商业模式是相辅相成的，商业模式也是强调为客户提供不一样的产品与服务的。

战略定位与商业模式一样，都要求从消费需求入手，去发现市场价值，开发出独特的商业系统。然而，战略定位的范围很广，除了品牌定位之外，还包括品牌定位不能涉及的方面，例如行业利润区和行业属性等，同时战略定位还要为企业战略配置资源和组织业务系统。

那么，创业企业如何做好战略定位呢？我认为要做好以下三点：

第一，要进行市场调查和市场分析。要对外部经济环境进行调查分析，寻找发展机遇。要对市场容量、市场增长率、行业盈利能力、人员来源、法律及监管水平进行认真评估，如果这几个方面都不错，那么就说明该行业吸引力高，创业者定位在这样的行业，创业的成功率就比较大。

第二，准确评估企业自身的能力特点，找到自己的核心竞争优势。要清楚知道自己的商业模式，还要知道自己的核心竞争力在哪里。要对自己的竞争力水平进行准确判断，因为这决定了你的业务范围、服务质量、市场范围、竞争策略和盈利水平。

第三，注意对竞争对手和相关市场要素的分析。在进行战略定位时，要关注自己的商业模式在市场上有没有竞争对手。如果有竞争对手还要考虑竞争对手的实力及其所采用的竞争策略对自己的影响，把实际情况都调查清楚后，再制定自己的战略定位。

可以说，一个完整的战略定位要涉及产业定位、客户需求结构定位、市场定位以及产品或服务的定位。所以，创业者在进行战略定位时，需要分析行业利润区、客户需求结构、产业薄弱环节等范畴。因为创业不是游戏，也不是为创业而创业，创业的最终目的就是为了盈利，所以，行业利润区就是企业制定战略定位的目的和方向，这也是商业模式的最终目的。

对创业者来说，如果定位不清，方向不对，那么努力就会白费。因为商业模式决定了创业项目能走多远，战略定位决定了企业的高度。只有把商业模式和战略定位都做好了，创业的胜算才更大。

商业模式VS盈利模式

商业模式与盈利模式，可能很多创业者对这两种模式分不太清楚，甚至混为一谈，其实这两种模式是不同的。360公司CEO周鸿祎认为，商业模式和盈利模式是两个互不相通的概念。

商业模式的本质是通过产品为用户创造价值，而盈利模式是在商业模式设计中，如何获取价值的问题，是解决在整个商业模式价值链中如何获利的逻辑结构设计。日本日产汽车公司CEO戈恩·卡洛斯这样看待盈利模式，他说："这是一个盈利至上的时代，在这个时代里，谁能持续获得比同行更高的利润，谁就是真正的赢者，所以我们需要一个有效的盈利模式，让我们的希望变成现实。"

但是，要想盈利必须首先要有一个商业模式，商业模式包含盈利模式，盈利模式只是商业模式中的一小部分。有的商业模式开始不赚钱，只有拥有了庞大的用户群后，才开始赚钱，才开启了盈利模式，特别是互联网创业时代，这个特点更明显。

随着互联网的快速发展诞生了不少网络自媒体，随着网络自媒体节目的日益丰富，涌现出不少在商业上成功的节目，《罗辑思维》就是其中之一。为什么《罗辑思维》在商业上能取得这么大的成功呢?

在商业模式上，《罗辑思维》的创始人罗振宇，一直强调他的商业思维模式是互联网思维。但是《罗辑思维》在刚开始录制节目的时候，由于我国的互联网时代刚刚起步，他对目标观众的需求并不确定，也不知道怎么去赚钱。他开始的想法就是先试试这个市场到底有多大，直到节目播出一年后才发现，以用户体验为中心的商业模式的回报率超过了他的预期，到这时候，他才开始操作盈利的事。目前，《罗辑思维》的盈利模式主要有以下几种。

第一，上线优酷视频网站，加入PGC（互联网术语，指专业生产内容、专家生产内容，泛指内容个性化、视角多元化、传播民主化、社会关系虚拟化）计划的广告分成，并接受粉丝打赏。

第二，收会员费。罗振宇称这种模式为喜欢就“供养”，目前为止，会员们还是接受这种运作模式的。

第三，《罗辑思维》出售定制书籍。《罗辑思维》与作者合作出版定制版，虽然价格高，但是一样畅销。

第四，《罗辑思维》节目自己出版书籍。目前，已经出版了《罗辑思维1》和《罗辑思维2》两本。

第五，借助微信平台，销售商品。典型的案例是2014年7月《罗辑思维》销售月饼，一盒199元的月饼，最后完成订单数20271笔，总销量23214盒。

第六，罗振宇及其团队各种授课门票收入。《罗辑思维》的商业模式和盈利模式的成功，成了很多创业者关注的焦点，被邀请到各地讲课，这也是他们的一项重要收入。

商业模式一旦确定，盈利模式会有很多种，《罗辑思维》的盈利模式还在不断的探索之中，相信未来它会有更多的盈利模式。所以说，商业模式不是赚钱模式，盈利模式才是企业如何去赚钱的方式。简单地说，商业模式就是你能提供一个什么样的产品，给用户创造什么样的价值，在给用户创造价值的过程中，用什么样的方法获得商业价值。

在互联网创业时代，出现了很多新的商业模式，这些商业模式的来源归根结底是互联网思维。那么，互联网思维有什么特点呢？360公司董事长周鸿祎认为，用户至上、体验为王、单点突破、颠覆式创新是它的主要特点。基于互联网思维的商业模式，周鸿祎认为至少包含了四方面内容：产品模式、用户模式、推广模式，最后才是盈利模式，也就是怎么去赚钱。

对于产品模式，就是你能提供一个什么样的产品。周鸿祎认为真正能在互联网上做大的公司，都是产品驱动型的公司。所有的商业模式都要建立在产品模式的基础之上。没有了对产品和对用户的思考，公司不可能做大，也走不了多远。所以，对创业者来说在制定商业模式的时候，一定要考虑到你的产品有没有用户价值，如果没有用户价值就没有商业价值，创造用户的商业价值是最重要的，必须把用户价值放在企业收入之上。

对于用户模式，周鸿祎认为作为创业公司，你一定要找到对你的产品需求最强烈的目标用户。就是要让用户感受最强，体验上超出用户预期，让用户对你的产品产生黏性，离不开你的产品。

对于推广模式，就是你能用什么样的方式找到你的目标用户群。俗话说“酒香不怕巷子深”，但是在产品推广上不要相信这句话。你的产品做得再好，如果大量目标用户接触到它，一旦被竞争对手模仿，再加上推广速度比你快，那么你的心血就白费了。很多人认为要做推广就要烧钱，但是烧钱推广并不是好的模式。周鸿祎认为真正的推广模式是要根据你的用户群，根据你的产品，去设计相应的推广方法。

最后是盈利模式，上面三个方面做好了，获得了庞大的用户量，下一步就是考虑怎么来盈利了。对创业者来说，制定盈利模式要有创造性，不但要与众不同，还要使盈利模式本身成为阻碍竞争对手进入的一个门槛。

其实，无论是商业模式还是盈利模式最终目的都是为了解决一个核心问题，那就是获取商业价值。商业模式和盈利模式只不过是对同一个商业操作的不同层面、不同角度的逻辑架构。可以说，商业模式是起点，先有了商业模式的设计，才有盈利模式的设计，从这个意义上说，在商业操作中，商业模式是前提。

设计商业模式的核心原则

要想在商业操作中获取价值，就要去设计一个模式。通过对模式的逻辑结构设计，通过模式的输入与输出转换，才能获取价值这个结果。所以，在商业操作中设计一个商业模式是不可或缺的。

对创业者来说，商业模式的设计也不是盲目的，它是有原则可以遵循的。商业模式的核心原则是指商业模式的内涵、特性，是对商业模式含义的延伸和丰富，是成功商业模式必须具备的属性。

商业模式的原则包括有：持续盈利原则、客户价值最大化原则、资源整合原则、融资有效性原则、组织管理高效率原则、创新原则、风险控制原则和合理避税原则等八大原则。创业者在设计商业模式的时候，一定要遵循这些原则。

一、持续盈利原则

创业要取得成功，首要条件就是能盈利，这也是成立企业的根本目的。盈利不但关系到企业的生死存亡，也关系到企业是否能持续发展。做企业不能只考虑一时的盈利，还要考虑盈利的可持续性。能否持续盈利是我们判断企业的商业模式是否成功的唯一的外在标准。所以，创业者在设计商业模式时，一定要考虑持续性盈利这一重要的原则。

同时，能否持续盈利是对一个企业是否具有可持续发展能力的最有效的考量标准，盈利模式越隐蔽，越出人意料越好。能持续盈利是我们对成功商业模式的最基本的要求，当然，持续性盈利一定要在合法手段下获得。

二、客户价值最大化原则

客户价值最大化是一个商业模式持续盈利的基础，如果一个商业模式不能满足客户价值，那么这个模式即使能盈利也是暂时的、偶然的，不可能具有持续性。相反，一个商业模式能使客户价值最大化，即使暂时不盈利，但是将来一定会盈利。客户价值最大化原则就是为客户提供增值服务，不断满足客户的需求，这也是做企业应该始终追求的目标。

三、资源整合原则

资源融合就是对资源进行优化配置，目的是要获得整体的优势，要做到有进有退、有取有舍。从战略思维角度上说，资源融合是系统论的思维方式，通过投资、协同、合作等战略手段，深化与产业价值链上下游企业的关系，把拥有独立经济利益的合作伙伴整合成一个为客户服务的统一体，取得1+1>2的效果。

从战术选择角度上说，资源整合是优化配置的决策，就是根据企业的发展战略和市场需求对有关的资源进行重新配置，构建集中的竞争优势，然后借助这种关键环节的竞争优势，提高客户服务水平。

四、融资有效性原则

融资难、融资贵，一直是制约我国中小企业发展的瓶颈。对创业者来说，融资对创业是非常重要的一个环节。因为，创业需要启动资金，企业发展需要资金，企业快速成长更是需要资金。创业者如果能解决资金问题，就能赢得企业发展的先机，就能掌握市场的主动权。

从成功企业的发展过程看，它成功的理由再多，有一条是不能回避和掩盖的，那就是资金对成功的重要作用。而一些失败的企业，就是因为没有建立有效的融资模式而失败的。如史玉柱的巨人集团，就是因为资金链断裂而倒下；曾经与国美相提并论的国通电器，也是因为缺乏资金而销声匿迹。所以，创业者在设计商业模式的时候，一定要考虑融资模式。

五、组织管理高效率原则

有人说“效率是企业的生命”，也有人说“效率是企业的灵魂”，可见，效率对企业的重要性。其实高效率是每个企业经营者都梦寐以求的境界，也是企业管理模式追求的最高目标，因为效率决定企业的成败。在时间就是金钱、效率就是生命的市场竞争时代，如果企业不重视效率，那么就会在竞争中遭受挫折、失败。

从现代管理学理论看，创业者想要企业高效运行，在设计商业模式的时候，首先要给企业以愿景、使命和核心价值观，这不仅是企业生存、成长的动力，也是员工干好工作的理由。其次要有一套科学的实用的运营和管理系统，用来解决系统协同、计划、组织和约束问题。最后还要有科学的奖励激励方案，解决如何形成凝聚力和向心力的问题。

六、创新原则

在互联网创业时代，商业模式的设计一定要创新，要出奇制胜。

在很多创业者看来，商业模式的设计是很难的事情。其实，一个成功的商业模式不一定非得在技术上有所突破，而是要对商业的某一个环节进行改造，或是对原有商业模式进行重组创新，甚至要对整个游戏规则进行颠覆。商业模式的创新贯穿企业经营的全过程，在每个环节都有创新的可能，每一个环节的创新都可能成为一个成功的商业模式。

七、风险控制原则

创业者在设计商业模式时，一定要考虑风险，做好风险控制。风险随时都存在，这些风险是指系统内的风险和系统外的风险。系统外主要有这几个方面：一是政策风险，二是法律风险，三是行业风险。系统内主要表现在这几个方面：产品的变化、人员的变更、资金的不继等。如果设计的商业模式抵御风险能力差，一有风吹草动，企业就面临失败的危险。

八、合理避税原则

合理避税就是在法律允许的范围内，以合法的手段和方式来达到减少纳税人缴纳税款的经济行为。合理避税不同于偷税、逃税，它不是对法律的违背和践踏，而是以尊重税法、遵守税法为前提，以对法律和税收的详尽理解、分析和研究为基础，是对现有税法不完善及其特有的缺陷的发现和利用。合理避税做得好不仅能减少自己所承担的纳税数额，还能大大增加企业的盈利能力。

商业模式的设计并不总是能一步到位的，而是需要不断完善的。对创业者来说，在遵循商业模式设计原则的情况下，要不断地探索、完善商业模式。

创业企业设计商业模式的流程

对创业者而言，商业模式设计的好坏，关系到创业的成败。商业模式其实就是一个为企业创造价值的逻辑结构，它的价值内涵不仅仅是创造利润，还包括为客户、员工、合作伙伴、股东提供的价值。

现在是模式制胜的时代，那么创业者如何设计自己的商业模式呢？我认为，商业模式的设计要遵从以下流程，那就是发现和验证市场机会，系统思考，提炼产品概念，产品定义，财务分析和提供组织保障。

一、发现和验证市场机会

发现市场机会是创业的第一步，但是发现的机会是不是真的机会，那就需要对这个市场机会进行验证了，验证市场机会就是进行市场调研和客户心理研究。在进行市场调研的时候，要明确目标客户，先选择一个相对狭窄的市场进行调研，避免浪费资源。在对客户进行消费心理研究的时候，要找到客户的需求与痛点，这样就容易成功。

创业者对客户的购买动机还要了解清楚，因为不同阶层的人群对产品的购买动机是不同的。一般来说，温饱型客户最关心经济因素（即价格），小康型客户最关心功能（实用价值），而富裕型客户最关心心理因素（面子）。所以，你的解决方案面对不同的群体会有不一样的价值评估。

商业模式的设计就是为了给客户提供独特的价值，所以在设计商业模式时还要考虑，你的解决方案是不是比现有的更好；你要强化客户最在意的因素，把那些客户用不到的功能去掉；要展示出你创新的一面。同时，你必须与目标客户进行沟通，把你对产品初步的想法告诉客户，来检验自己的设想是不是有实际意义。在做市场调研时，有一点不要忽视，就是客户愿不愿意花一定的代价支持你的产品。

二、系统思考

创业者在设计商业模式的时候，要把自己想要做的事情用简单明了的语言跟客户、供应商、合作伙伴说清楚。最好的办法就是把商业模式做成一张图表，这种图形化的思考、沟通能让对方一目了然。利益分配是每个参与者所关心的问题，所以一定要把参与者如何受益讲明白。

在商业模式的设计上，创业者可以参考国外已经成功的商业模式，但是要根据自己的实际情况和行业特征进行改进和创新。创业者还可以自己创造一套商业模式，用自己全新的思维去改变目前市场上的游戏规则，甚至可以颠覆行业多年来形成的游戏规则。

系统思考就要求创业者分析目前市场上的竞争状况，对竞争对手和潜在竞争对手都要分析。对创业者来说，由于刚创业企业实力跟大企业、大品牌相比根本不是一个重量级，所以，创业者要从不起眼的地方、大企业没看到或看不起的地方起步打边缘战或侧翼战，远离主流市场，进入新兴市场。

三、提炼产品概念

当创业者有了产品的创意，就要去和客户进行沟通，听取客户对创意的反馈，目的是掌握客户的态度。创业者和客户沟通的时候，最好用简明扼要的语言介绍产品的概念，最好用一句话把产品的价值定位说清楚，让客户听了能产生兴奋和共鸣。如果有做好的样品，就最好不过了，因为看得见、摸得着的东西，比空口无凭更有说服力。

产品价值诉求是提炼产品概念时不可缺少的，产品价值诉求可以通过FAB分析法（指的是特征—优点—利益分析法）进行提炼。其中F（Features）是指这个产品有哪些特点，主要是产品本身固有的一些特点；A（Advantages）是说这个产品比同类产品好在哪里，有什么优点，强调与众不同之处，是一个相对的比较优势概念；B（Benefits）是说这个产品给目标客户带来了什么利益和价值，侧重于客户的"买点"和消费动机。通过这三点来提炼产品的价值诉求，这样就有了更充分的理由购买。

一个产品不可能符合所有客户的需求，所以，创业者一定要选定产品销售的目标人群，并且还要在这个方面超越竞争对手，这样才能使客户更有理由选择你。

四、产品定义

一个完整的产品由三个层次组成：一是核心层，包括性能、指标、功能、品质等，这是一个产品发挥作用的关键。二是外围层，主要体现在增值服务上，让用户有更好的产品体验。三是外延层，就是产品的差异化，用差异经来吸引客户。

产品的定价是产品定义的一项重要工作，其实定价背后的原理是产品的定位，所以企业要根据不同的客户消费层次来选择合适的产品价位。最好用图表的形式把产品从厂家到消费者要经过哪些中间渠道展示清楚，要让人对各个渠道之间的关系一目了然。

五、财务分析

对企业来说，产品不但要做得好，还要卖得好才是成功。一个好的产品要想卖得好，不仅要做出精细的销售计划，还要按照不同的销售渠道和不同的销售地区进行划分。在销售上不仅要给销售人员定指标，还要对销售人员进行培训，教他们如何销售，如何找到客户，如何与客户沟通等。

有了销售计划和销售指标，企业就要将一年资源进行分配，计算出人、财、物的固定成本，剩下的运营费用等就是可变成本。有了销售指标、固定成本和可变成本的预算，那么企业一年的财务分析就出来了。

风险投资者对产品销量倍增的问题是比较关心的，所以他们对商业模式的倍增机制也是比较关注的。创业者如果想获得风险投资，必须在商业模式中把产品的倍增机制表达清楚。

六、提供组织保障

组织保障对创业者来说，也是十分重要的。对很多投资人来说，在他们的投资理念中，投资的不是项目，而是人。所以创业者一定要把发起人和核心创业团队介绍清楚，让投资者放心。在向投资者展示企业的组织架构时，创业者最好也用图表的形式展示，但是也不要忘了把股权结构同时展示给投资人。

投资人投资是为了将来的收益，退出机制是他们很关心的一个问题。对于创业者来说，为了防止投资人过早地退出，事先制定投资者退出的时间表和基本原则是很有必要的。

对创业企业来说，设计商业模式虽然不易，但是如果按照上面的流程来操作，就有可能设计出能提供独特价值、难以复制、脚踏实地的商业模式。然而，商业模式不是一成不变的，所以创业者在企业发展过程中，要不断在探索与实践中构建适合自身的商业模式，这样才能在竞争中取得快速、持续的发展。

保持创新是商业模式的生命

一个商业模式不可能永远有效，随着社会环境、政策、经济发展、技术进步等，商业模式势必也要做出调整与变化。林肯说过："过去安逸的生活所奉行的教条早已不适用于风起云涌的现代社会，面临着重重困难，我们必须因时而起，新的形势要求我们采用全新的思考模式和行为模式。"他的这一句名言用在商业模式的创业上恰如其分。

在21世纪初，全世界经历了有史以来最为严重的经济危机，但是21世纪商业领域中发生的最重大事件不是信息技术革命的兴起，也不是web2.0时代的到来，而是互联网的兴起。互联网的兴起引发了运营创新和商业变革，这就注定了21世纪将是商业模式不断创新变革的时代。

随着互联的发展，e袋洗传统的商业模式也做出了改变，e袋洗的陆文勇说，要把洗衣服变成互联网产品。

e袋洗是由20余年洗衣历史的荣昌转型而来的O2O（指以互联网作为线下交易的平台，将线下的商务机会与互联网相结合的商业模式）品牌，它采取众包业务模式，以社区为单位进行线下物流团队建设，即在每个社区招聘本社区中40、50、60个人员作为物流取送人员。

e袋洗这种创新的商业模式是以洗衣为切入点进入整个家政领域的平台。它的目标客户是80后，洗衣是按袋收费：99元按袋洗，装多少洗多少。e袋洗的商业模式的核心和主导是幸福感，在这种思想主导下，他们推出了新品小e管家，通过邻里互助去解决用户需求，增强居民幸福感。小e管家在小e管洗、小e管饭的基础上，计划推出小e管接送小孩，小e管养老等服务，以单品带动平台，从垂直生活服务平台转向社区生活共享服务平台，以保证C2C（是电子商务的专业用语，是个人与个人之间的电子商务）两端供给充足。

e袋洗的这种商业模式是在搭建成熟的共享经济平台后，不断延伸出更多的家庭服务生态链，打造一种邻里互动服务的共享经济生态圈。它利用已有的线下资源，通过互联的整合，实现了标准化、品质化的转变，让人们在生活中享受更便利、个性的服务。

从e袋洗的这种商业模式可以看出，它是基于移动互联网技术的发展，依托产业价值链进行融合与分解，并在不同的领域与产业价值链条上做出了不同程度的创新。只有不断创新商业模式，才能保持企业持久的生命力。

或许有人认为一次商业模式的创新并不困难，但是具备商业模式创新的能力却不是能够一步到位、一蹴而就的事情。俗话说，“冰冻三尺，非一日之寒”，创新能力的培养需要对行业价值链有清晰的把握，需要土壤与环境的培育，形成可持续的创新机制，并能够跳出产业的限制进入到更高端的视角，进一步审视更宏观的经济周期、行业周期、产品周期等周期性因素的影响。那么对创业者来说，如何获得商业模式的创新能力呢？我认为，要注意以下三个方面。

第一，需要判断本行业的利润区以及本企业利润与行业利润区的相互位置，通过了解本行业产品的供求态势对行业供应链进行管理，在此基础上，进一步分析本行业的价值链，从而分析企业通过控制更多的环节创新商业模式的可能性。

例如，英特尔的成功本质上是商业模式的成功，它在思考方式上就是以利润为中心，在战略上它不与竞争对手在众多产品上竞争，而是采取聚集原则，只做好一样产品并保持领先优势。英特尔这样做的目的，就是注重对于整个计算机价值链的战略控制，从而攫取了行业的最高利润。

第二，商业模式的持续创新需要良好的机制驱动。

创新对商业模式的重要性是不言而喻的，但是持续的创新需要有良好的环境，对于创业的高科技的技术公司而言环境更为重要。

例如，Google（谷歌）一直保持着在搜索领域里的领先地位，就是因为它坚持不懈地对搜索功能进行创新。为了鼓励创新，Google制定充满人性化的制度，推行弹性工作制，这对激发人的创造力起到了很好的作用。

第三，商业模式的创新需要考虑周期因素。

对创业者来说，创新商业模式要充分考虑周期因素，虽然说商业模式变革是由市场和企业家主导的，但是经济周期调整又在很大程度上推动着商业模式的变革。

例如，对中国的地产行业来说，80年代开始逐渐孕育、发展，到90年代中后期增长速度加快，进入了成长期，而目前则到了调整期。地产大佬潘石屹等人也认为，目前需要在商业模式上发生一些变化，同时又要注意到周期，开发商才能坚强地躲过调整期。

这是个最好的时代，也是个最坏的时代。说是最好的时代是因为互联网的发展，创新了商业模式，在互联网创业大潮中，给每个人都带来了创业机会。说是最坏的时代是因为这是一个充满危机的时代，这是一个竞争全球化的时代，不进则退，不创新就灭亡。在这样一个充满变革的时代，创新推动变革，变革促进创新。

时代的变革，要求企业管理者不得不认真思考一个问题，那就是如何使企业在未来竞争激烈的市场中占有一席之地？答案是唯一的，那就是不断创新。这就要求企业管理者要有创新能力，在商业模式的创新上，只研究商业模式是不够的，还要懂经济法则，懂社会潮流，懂人文需求，还要懂得借鉴，借鉴基础上的创新永远是商业模式中商业智慧的核心价值。

随着商业环境的不断变化，企业自身也在不断变化，所以没有永远有效的商业模式。对创业者来说，只有不断地创新，才能保持商业模式的生命力。

“互联网+”时代的成功商业模式

2015年3月，在十二届全国人大三次会议上，李克强总理在政府工作报告中首次提出“互联网+”行动计划。自此“互联网+”火了起来，也预示着“互联网+”时代的到来。“互联网+”是创新2.0下的互联网发展的新业态，也是知识社会创新2.0推动下的互联网形态演进及其催生的经济社会发展新形态。

简单地说，“互联网+”就是“互联网+各个传统行业”，然而，这并不是说把互联网和传统行业进行简单相加，它是利用信息通信技术以及互联网平台，让互联网与传统行业进行深度融合，从而创造新的发展生态。自从“互联网+”提出以来，在商业上诞生了很多创新型的商业模式，下面介绍几种比较成功的商业模式，供读者参考。

一、滴滴公交——定制公共交通

2015年7月15日，继快车、顺风车之后，“滴滴快的”旗下巴士业务“滴滴巴士”正式上线，用户可以直接在微信公众号中选择线路购票乘车。2016年6月，滴滴巴士改名为滴滴公交，这是出于滴滴官方对滴滴巴士的品牌升级。

品牌升级之后，滴滴公交可为客户提供公交查询、班车、包车三大块业务。客户可以通过滴滴出行APP里的“公交”入口或滴滴公交微信服务号里的“查公交”入口享受服务。据滴滴官方介绍，滴滴公交目前已涵盖公交查询（北京、上海、广州、深圳、宁波、南京、武汉）、包车（北京、深圳、广州、上海）、班车（北京、深圳）三部分业务。

滴滴公交是将传统的公交行业与互联网相结合，给客户提供定制化出行的城市通勤定制服务。滴滴公交定制公交产品的推出，一方面可以弥补城市现有公交体系的不足，另一方面，对城市交通状况的改善和节能环保也有着十分重要的意义。据滴滴巴士事业部总经理李锦飞介绍，滴滴巴士刚一推出就“成功覆盖北京和深圳大部分关键区域，服务的用户数已经超过50万。整体的运营情况超出预期，平均上座率已经超过60%，再次乘坐率也达到80%”。

当然，这也是一块巨大的市场，有业内人士预计，定制大巴市场的潜在规模超过千亿元。据统计数据显示，在目前的整个出行市场上，商务专车的日出行需求量为150万~250万，出租车的日出行需求量为3000万~5000万，拼车则为1000万~2000万，公交车日需求量最庞大为2.2亿。

滴滴公交的定制化制服务模式，是对定制化出行的一种初步尝试。由于定制服务的门槛比较高，对城市的定制服务是个制约，而滴滴公交利用互联网技术与传统公交行业相结合，为定制服务创造了有利条件。

二、实惠APP——团购不彻底，直接免费

实惠APP是由易居中国联合新浪网、新浪微博、分众传媒、申通快递共同推出的应用软件，这是一款基于移动端，主打社区的生活服务类的软件，旨在为社区居民提供一站式生活服务。

在“互联网+”时代，掌握用户并满足用户高频的生活需求，成为一个企业和商业模式的核心。而实惠APP的商业模式，以解决社区生活服务的痛点为目的，为用户提供“最后100米”服务。实惠APP通过发放社区周边商户的优惠返利及合作商家的发福利措施聚集了大量的优质社区用户，成为社区

用户不可或缺的社区生活服务线上工具。

2016年实惠APP的100平方米的实惠服务要走进千万家社区，通过解决社区居民的刚性需求，将线上流量与线下合作商铺对接，社区居民来到几步之遥的“实惠服务社”，即可满足日常生活里的所有服务需求。

100平方米的实惠服务是指“实惠服务社”的面积约100平方米，但是在这100平方米的面积内为社区居民提供几十种乃至上百种服务，它承载着超市、邮局、健康体检、银行等一系列的功能。

据公开数据显示，实惠APP线下服务社目前在全国已铺设300余个，覆盖全国40个城市，线上注册用户1200万，合作商户5万余家，可以提供服务内容32项，线下服务社单店平均每周接纳服务达3000人次。

在互联网创业时代，在社区开店，实惠APP不是第一家，但它靠着互联网思维，全面部署社区便民服务矩阵，勇于推陈出新，创造了一个全新的成功的商业模式。这种商业模式是把用户、商户、物业通过互联网连成了一个有机整体，把它们组成了一个小的社群系统，围绕这个小的系统展开线上订单和线下服务。

三、干净么——餐饮界的360，免费还杀毒

“干净么App”就是一个基于移动互联网并高效连接各个环节、各个部门的第三方卫生监管平台，它同政府、媒体、商家、用户等多方互动来进行监管。

在李克强总理2016年的政府工作报告中，食品安全被提到了5次，篇幅也有200多字。现在，随着人们生活水平的不断提高，“吃得是否干净”越来越引起人们的重视。由于近年来不断出现的食品安全问题，大众对食品安全产生了担忧。

而“干净么”正是针对人们担忧食品安全的痛点而设计的商业模式。这是第一家利用互联网思维来打食品安全这场仗的第三方平台，它不仅对餐饮商家进行测评、监管，还包含了学校、幼儿园、单位食堂等在内，用户可以查阅自己感兴趣商家的卫生安全等级，从而确定是否就餐。

“干净么”就好比餐饮界的360，免费还杀毒。“干净么”APP推出之后，已经拥有几百万条数据，15万家餐厅食品安全等级评价，目前覆盖北京、上海、天津、深圳、武汉、济南等十个城市人口。

从上面这几个商业模式可以看出，凡是成功的商业模式都符合三个重要原则，那就是有需求、有优势、有利益。有需求就是能找到客户的痛点，当你找到这个需求，而这时市场发展还没有爆发，你就有机会。有优势就是即使你找到了客户的需求，但不见得你能做，这时你就要结合你自身的优势了。因为每个人都有一定的长处，即使你当前还没有优势，只要你对做的这个事情是有激情的，你愿意干、愿意学习，那你很快就能变成具有优势。有利益就是只要是你有用户，就一定有价值。

第五章

带队伍：让人愿意追随的领导力

对创业者来说，最重要的能力就是领导力，创业者要有让员工追随的能力。因为创业不是一个人的事情，而是整个团队的事情。创业成功者，都拥有让人愿意追随的领导力。作为创业者，要想清楚如何领导别人，好的创业者必定是一个好的领导者。所以，创业者要不断提高自己的领导力，让员工心甘情愿地追随你。

3个人靠自觉，10个人靠管理，100个人靠追随

《逆领导思考》一书的作者罗伯特·凯利说：“说到追随与领导，大多数组织的成功，管理者的贡献平均不超过两成，任何组织和企业的成功，都是靠团队而不是靠个人。”现在是团队的时代，对创业者来说，创业就是带着团队完成一件事情。

在创业初期，可能人比较少，依靠个人自觉和创业者的管理，就能带好团队。但是，随着员工的增多，仅仅依靠管理来带团队，那么团队的凝聚力和向心力就不会那么强了。如果让团队成员追随你，组成追随者团队，那么团队成员会为了实现共同目标而自觉合作，这样的团队就会成为一个凝聚力和向心力很强的集体。

其实，对于成功者而言，成功都离不开别人的追随，让别人追随是成功的保证。对创业者来说，创业能否成功最基本、最重要的是看是否得到下属的追随。往往成功的创业者会得到下属的大力支持，得到下属的紧跟追随，这也是创业者领导力的一大特点。

1999年2月，马云和18位创业成员筹集了50万元，创建了阿里巴巴。

对于创立这家公司马云的目标有三个，他说："第一，我们要建立一家生存102年的公司；第二，我们要建立一家为中国中小企业服务的电子商务公司；第三，我们要建立世界上最大的电子商务公司，要进入全球网站排名前十位。"

创业初期是艰苦的，他们没有租写字楼，就在马云家里办公，最多的时候一个房间里坐了35个人，并且他们每天工作16至18个小时。在马云的创业团队中，很多成员都是放弃更好的条件甘愿吃苦受累追随马云重新创业的。例如，当年蔡崇信放弃在德国投资公司的优厚待遇，千里迢迢追随着马云。

由于创业成员对马云的追随，马云才建立起了现在的阿里巴巴帝国。而今，当年创业的18个人仍然在追随着马云。

马云之所以受到人们的追随，就是因为人们被他的个人魅力和激情所吸引。创业者要想让别人追随自己，往往就要让自己充满自信，也要敢于向一切进行挑战，并对成功抱有无法克制的狂热激情，这些都有助于他们取得成功。在现代社会让别人追随越来越成为一种素质要求。可以说，一个人价值的大小，体现在别人对自己的追随程度上。

对创业者来说，作为团队的领导者，有一项重要的能力就是要让下属成为追随者。那么，创业者如何提高领导力，让下属追随你呢？我认为以下十条可以借鉴。

一、清楚了解员工的行为和需求

管理者不要试图去改变员工的个性，而是要尝试影响他们的行为。对于员工有建设性的行为，要进行及时的表扬和奖赏，以提高员工的自豪感。同时，要满足员工较低层次的需要。

二、提升员工的自信心

在工作中，对于超出员工能力的工作，管理者要及时给予帮助，这有助于提升员工的自信心。不要给员工虚假、不切实际的安慰，即使是不好的消息也要对员工坦诚相告。

三、和员工建立良好沟通

良好的沟通有助于了解员工的真实想法和感受，这就要求管理者不要摆出高高在上的面孔，要不时地提出一些开放性的问题，以鼓励员工实话实说，给予员工充分表达他们真实感受的机会。

四、对员工充分信任

管理者对员工的信任，满足了员工理智与情感两方面的需求。对员工的信任，也体现出了对员工的尊重。德鲁克在《他们不是雇员，他们是人》一文中说：“对于任何组织而言，伟大的关键在于寻找人的潜能并花时间开发潜能。如果失去了对人的尊重，这里的开发潜能很可能被理解成仅仅为了组织的绩效而把人视为使用的工具。只有恢复对人的尊重，才可能真正把人的才能释放出来。”所以，要开发员工的潜能，把员工培养成最优秀的，就要对员工充分信任。

五、运用积极的态度

要培养员工创造性的思维，就要对员工自发性和独创性持开放态度，并要进行积极的回应。对员工在工作中的错误要宽容，对员工取得的成绩要及时给予赞扬。

六、培养员工的开放思维

管理者在团队中要鼓励员工提出有创意的见解，要强调新观念不会被毫无理由地拒绝，要鼓励员工敢于冒险。

七、正确处理冲突

在工作中难免产生冲突，特别是在管理者心情不好时，这时候最好请一位关系好的同事帮你排解一下不良情绪。当和心怀不满的员工谈论时要心平气和，这样有助于解决潜在的冲突。当员工有愤怒情绪时，你要分析其中的原因，帮助他们恢复平静。如果是因为你发了脾气才引起员工愤怒，那么平静下来后，你要表示你的歉意。

八、处理个人的困难

管理者要学会站在朋友的角度处理员工的私人问题，但是要表明自己的公正立场。对于找你反映问题的员工，你都要安排时间与他们进行交流。

九、评估与奖惩

在员工有较好的创意时，管理者要积极回应，激励你的员工。同时，要对员工的工作进行评估。对于不适合的员工，首先要帮助他们克服困难；实在无法胜任时，解雇是最后的手段，但是不要只是为树立一个榜样而解雇人。对于工作中对公司有贡献的员工，要给予奖励，这会提高员工的积极性。

十、说到做到

对管理者来说，做不到不要说，说了一定要做到。这样才能建立言而有信的氛围，管理者和下属之间的相互信任，不仅有利于企业的发展，也有利于提高管理者在下属心目中的形象。

对创业者来说，做一个好领导、一个让下属追随的领导并不难，也不需要付出太多，最重要的是要有一个作为“好领导”的愿望和心态。

想明白：员工为什么要跟我干？

对创业者来说，在创业初期建立一支强有力的团队也许不难，但是如何让你的团队死心塌地地跟着你干，这才是创业者不得不认真考虑的问题，然而许多创业者对这个问题却没有好的解决办法。我认为，要解决这个难题，创业者首先要想明白，员工为什么要跟我干？

我们知道史玉柱可以说是我国最富有传奇色彩的创业者，他从汉卡到巨人大厦，从脑白金到黄金搭档，无论他的事业处于高峰还是低谷，他都有一群追随者不离不弃。即使发不出工资的时候，他的员工一样对他很忠诚，陪伴着他东山再起。在人才流动率居高不下的今天，为什么史玉柱会有这样一支团队呢？他又是如何带队伍的呢？我认为，这就得益于他想明白了员工为什么跟他干的道理。

在刚开始创业时，史玉柱就开始琢磨员工为什么要跟着他干的问题。他认为，员工跟着他干，感情固然是一方面因素，但是抛开感情因素，员工一定还有别的主要追求，这个是必然存在的。

对于员工的追求，史玉柱总结出了最重要的两点。第一就是收入，就是钱的问题。史玉柱也对自己进行了反思，在他第一次创业的时候，他对收入不好意思说出口。他就用事业心、企业文化去淡化这个问题，后来他认识到这样做是不对的。他觉得作为一个老板心里要明白，员工凭什么跟着我干，就是为了钱。其实，为了钱是很正当的，员工跟你干，就是想获得一份好的收入，改善他的生活，提高他的生活质量。

自从有了这样的认识，史玉柱就做到了钱的问题可以放在桌面上去说，在条件允许的时候就要满足员工，员工做多少贡献就给他多少报酬，老板对员工一定不能抠。史玉柱还说，员工该拿的钱一定要给他拿，除了正常该拿的钱之外，如果他有贡献的话你还要给他特殊的收益。

第二个就是追求个人自我价值的实现。员工到了一定条件的时候都会有自我价值实现的愿望，这个就是事业心。他想实现个人价值，想要得到领导、同事以及同行的认可，那么，作为老板就要为员工创造条件，给他们搭建舞台，让他们有用武之地。

史玉柱创业成功，不但他想明白了员工为什么跟着他干，而且对这个问题还给了员工一个满意的答复。所以，他的团队会陪着他走过艰难的时期，重新创造辉煌。对于企业者来说，员工跟着你干，首先一点就是为了钱，这个不用羞于启齿。如果创业者不重视这一点，却经常以情感、企业文化来洗脑，那么这样的企业多半是“液体公司”，人才流动性会很大。

员工除了对金钱的需求之外，另一个就是对自我实现的需求。每个员工都渴望在工作中得到认可，所以作为初创公司必须要创造这样一个环境、条件，满足员工个人的自我价值认可需求。

对创业者而言，要想想员工为什么要跟我干。这个问题想明白是一回事，做到是另一回事。古人强调要“知行合一”，明白了其中的道理，不仅要做到，而且还要做好。那么，对创业者来说，如何让员工死心塌地地跟着你干呢？我认为，下面五点很有参考价值。

一、创业者要做好团队的榜样

这一条最重要，俗话说：“火车跑得快，全凭车头带。”一个团队建设得好不好，同样需要创始人来带。对创业者来说，以身作则才能赢得员工的信任。其实，无论哪个公司的员工，都会对公司的创业者进行观察，他们观察这个创业者是不是一个斤斤计较的人，对下属是不是真诚等。所以，创业者必须以身作则，给员工们做出榜样。

二、创业者要做好换位思考

创业者要学会站在员工的角度思考问题，很多创业者喜欢说让员工以老板的心态对待工作。这个说法是有问题的，员工毕竟不是老板，也没有老板的待遇，怎么可能让员工以老板的心态工作？就是从人性角度来说，这个说法也是不科学的。作为老板只有在满足员工需求的情况下，才能提高员工工作的积极性。

三、给员工创造晋升机会

我们中国人有一个特点，就是相信“外来的和尚会念经”。在很多创业公司中，在管理岗位上，空降管理者，而忽视了自己人才的培养。在这种情况下，员工会觉得在公司内部晋升要么成本太高，要么没机会。同时，这也是对员工贡献的一种否定。

其实，外来的人才也不定是真人才，如果初创企业自己不培养管理人才，而是一味依靠外部招聘，这样的创业企业也很难成功。还有一点就是，在初创企业中，团队已经稳固，对外来人都存一种抵制思想。你招聘的人才再有本事，如果受到大家的抵制，不但才干发挥不出来，对企业也是一种损害。所以，创业者要降低内部晋升的成本，在自己的团队中选拔人才，让每个员工都觉得有机会。

四、信任员工，敢于放权

很多创业者容易犯这样的错误，让员工负责某个项目或管理某个团队时，创业者担心员工做不好，不给放权，只给义务。这样做不但会让员工觉得自己不被信任，打击了员工的积极性，而且这种用人方式导致的结果也不会好。在海底捞有一条规定，就是每个员工都有权力给客人免单，这就是对员工的信任与放权。

五、开除害群之马

在一个团队中，一个人的态度会影响到整个团队。有一个“坏苹果法则”，说的是如果把一个坏苹果留在一筐好苹果里，结果你将得到一筐坏苹果。这个坏苹果就是团队里的害群之马，他们的破坏性行为还具有传染性。有这样一个说法，如果有一个人拖累了所有的人，那么一旦他离开，其他人就能做到最好。所以，如果团队中有一个消极怠工的员工，应该尽早把他清理出团队。

总之，在创业过程中，创业者想明白了员工为什么要跟我干，并且又满足了员工的需求，那么公司才会有一个和谐的氛围，员工才能团结一致。

让最了解情况的人有决策权

华为总裁任正非说过一句话“让听得见炮声的人决策”，这句话后来迅速成为管理界的热点。其实，“听得见炮声”的人是身处前线的人，他们对前线的情况最了解。任正非这句话的意思就是，让最了解情况的人有决策权。

为什么要让最了解情况的人有决策权呢？对于企业管理而言，当企业做大了以后，容易形成官僚作风，即管理者不知道一线发生了什么。那些“高层管理人员”坐在办公室里，他们远离市场、远离客户，对市场的变化无法直接感知，更无法对消费者的内在体验有所了解。在这种情况下他们制定出来的企业计划必然难以切合实际，甚至还会造成决策失误，危及企业的发展。

那么，如何让最了解情况的人有决策权呢？那就要做到决策权下放，给予一线人员必要的决策权力，也就是“一线决策力”。在未来的商业竞争中，一线决策力是不可或缺的因素。在企业发展过程，直接面向市场、面向客户的一线员工，他们对市场情况和客户需求可能最为了解。如果可以通过某种机制，使一线员工参与到决策流程中，那么可能会出现创新之举，并产生更大的生产力。

2008年，上海家化的高端产品佰草集在传统销售渠道即专柜的基础上，提出了“专柜+专营店+SPA”的稳健的渠道概念，既在商场设立专柜，同时也开设专营店，并提供SPA服务，在上海等地建立高端SPA会所，针对高端客户实行会员制，进一步扩大品牌的影响力，提高顾客对品牌的忠诚度。

佰草集与SPA服务产业进行捆绑销售的成功之处在于，上海家化把单纯卖产品上升到卖生活方式，由产品经济上升到服务经济甚至体验经济。

那么，“专柜+专营店+SPA”的思路最初是怎么想出来的呢？其实，这个创意既不是咨询公司设计的，也不是上海家化预定的战略。这是在公司内部的一次中高层聚餐会上，上海家化的董事长葛文耀偶然听到下属的一句开玩笑的建议。这句话启发了葛文耀，随后他有意识地观察企业内外部对这个建议的反应。在得到一些反馈后，葛文耀在一个高层例会上正式提出，最终将这个思路发展成了企业战略。随后，上海家化组建了汉方SPA公司，准备在未来3到5年内开出100家SPA馆。

一线员工处在市场一线，他们对市场动向、消费者的需求特点、竞争对手的情况等最了解，有时候他们的一句话、一个建议，对公司的决策都有重要意义。所以，有条件的情况下，要让一线员工多参与决策，充分发挥群策群力的作用。索罗维基（James Surowiecki）在其《群体的智慧》（*The Wisdom of Crowds*）一书中指出：在适当的条件下，集体在寻找解决方案，甚至预测未来结果方面，都被证明具有非凡的能力。

曾经有一个公司要做一个园区宣传册，公司总经理让品牌小组撰写文字，让大家评审，然而评审了几次，就是定不了稿。后来总经理决定让一线员工来评审，因为一线员工更接地气，更加靠近市场。一线员工收到这个任务后，表现出了异乎寻常的积极和认真。他们并且纷纷提出了自己的意见和建议，不久一份完美的宣传册做好了，并得到了各方的认可。那么，让一线员工做决策有什么好处呢？

第一，让一线员工参与决策可以避免官僚主义。

企业刚创业时，大家基本上都扑在第一线，离客户近、离市场近，对各方面情况都很了解。但是，随着企业的发展、业务的扩大，企业的部门也增多、扩大，人员也不断增多。这时候一些人开始做管理，逐渐脱离了市场和客户。然而，市场和客户都是不断变化的，这种情况必然会造成高层管理人员对市场和客户变化的感知度降低，在做企业决策时，难免会出现高高在上、不切实际的现象。如果让一线员工参与决策，多听听他们的建议，那么对防止决策出现错误是大有帮助的。

第二，让一线员工参与决策能调动其积极性。

有的员工进入公司较晚，同时又在一线工作，远离公司总部，对公司高层会产生陌生感和距离感，因此也会觉得自己处于弱势状态。如果公司做决策时，让他们参与进来，就会让他们觉得受到重视，这样不但能提高他们工作的积极性，也能让他们从被动工作变成主动地思考问题。

第三，让一线员工参与决策可以加深对员工的认识。

公司对员工的工作能力判断，一般来说都根据其工作情况来进行。但是这种判断有时候并不全面，可能员工还有一些能力和潜力没有表现出来。让一线员工参与决策就是给他们一个平台，让员工表现出他们的潜质，这对公司培养人才也是有利的。

当然，要让最了解情况的人有决策权，首先要做到的是领导要充分授权。一位美国百货零售巨头曾说：“身为一个经理人都该明白，想逼死自己最快的方法就是大权一把抓。”美国著名社会学家怀特也说：“世界上最困难的事情就是把一件你很拿手的工作交给别人，再眼睁睁地看着他把事情搞砸，而你却还能心平气和地不发一言。”他们的话语都反映了授权的重要性。所以，对创业者来说，在创业开始的时候，就要给最了解情况的人决策权，这样才可能避免犯决策上的错误。

根基法则：信任是领导力的根基

有关员工对领导的信任问题，有人做过一项调查：有超过20%的职场人士对自己的直接上级不信任，能够非常信任上级的员工只占一成多。可能有的领导者觉得，员工对自己信不信任对自己的管理无关紧要，他们认为员工必须按照管理者的意愿行事。这种想法其实是有问题的。

影响领导者成败的一项重要因素就是信任，领导者越能够让下属信任自己，就越能更好地领导团队，取得更多的成就，进而得到更好的发展。史玉柱能够东山再起，就是由于员工信任他，无论遇到多大的困难他们都支持他。领导者的可信任度决定了员工是否愿意奉献更多的时间、天赋、精力、经验、智慧、创造力和支持。可见，只有可信的领导者才能赢得员工的支持，员工才能竭尽全力帮助领导者实现目标。所以，领导者必须与员工建立积极的信任关系。

在春秋战国时期，商鞅在秦孝公的支持下施行变法。当时的秦国由于连年征战，国家积贫积弱，民不聊生，而政府的朝令夕改也让老百姓无所适从。商鞅知道在这种情况下施行变法，首先要做到的就是取信于民。

在变法前，商鞅命人在都城南门外立一根三丈长的木头，并贴出告示说，谁能把这根木头搬到北门，就赏金十两。老百姓并不相信有这种好事，都在围观，而没有人去搬木头。商鞅看到没人动，就下令把赏金提高到五十两。这时候，有一个人抱着试一试的心态，把木头扛到了北门。商鞅言而有信，当场赏给那人五十两。

商鞅的这一做法，很快在秦国传开了，商鞅在秦国老百姓心中也很快树立起威信。随后，他的变法措施很快在秦国推广开来。秦国经过商鞅的变法，逐渐强大起来，最终统一了中国。

这就是商鞅立木为信的故事，商鞅的做法取得了老百姓的信任，他表现出了强大的领导力，因此他领导的变法才能成功。领导的本质是影响，领导者通过影响下属的判断标准，进而统一被领导者的思想和行动，以实现统一的目标。这种影响实质就是领导力，领导力的作用必须以信任为前提。可见，信任是领导力的基石。

但是，在企业管理中，下属对领导者常有不信任的情绪。怎么判断下属对领导不信任呢？肯·布兰佳公司的信任实践领导者兰迪·康利（Randy Conley）曾在一篇文章中指出："当团队成员对其领导者不信任时，他们通常会有如下表现：不会叫你参加他们的任何活动，不会和你分享信息，不会信守对你做出的承诺，与你关系紧张，无人愿意承担风险，士气低落且工作效率低下，团队里充斥各种流言，你的所有决策都备受质疑等。"

为什么员工会不信任领导者？原因是什么呢？我认为主要原因是这样的。首先，领导者对员工不信任，那么员工也就不信任他的领导者。因为信任关系是相互的，只有领导者信任员工了，才容易建立起上下级的信任关系。其次，由于竞争激烈，并且上下级之间存在利益关系，有的领导者有功归己，有过归下属，从而造成了信任危机。再次，就是领导者对员工不够关心，不能帮助员工解决问题，这也是造成领导者不被信任的原因。

那么，对创业者来说，如何增强员工对自己的信任度，提高自己的领导力呢？我认为，要做到以下四个方面。

第一，增加可信度。

作为企业的管理者，要通过自己在专业领域内的优势来树立形象，赢得员工的尊重。当领导者在组织内有可信度的时候，员工会更愿意信任领导。

第二，要真诚。

真诚意味着讲真话，拥有道德原则和明确的生活标准。员工需要相信你的品质和正直是坚如磐石的，他们需要相信你值得他们信任。

第三，提升可靠性。

企业管理者要有坚定的信念，并且做事前后行为一致，这样员工才能乐于信任你。

第四，增强责任心。

员工信任那些能为团队负责的领导者，在负责任方面领导者要给员工做出榜样，因为这会影响到员工的工作态度。当遇到问题和麻烦的时候，领导者要有兴趣和热情，而不是逃避，这样更能赢得员工的信任。

其实，在任何组织中，信任都是不可小觑的。信任能够减少矛盾的发生，还能使上下级的沟通顺畅，使工作更有成效，能使员工更好地实现组织目标。在组织中，没有人喜欢与不信任的人在一起，所以，对创业者来说，要提高自己的可信任度，增强对员工的领导力。

领导者懂得放权，才能小舍大得

创业者在刚开始创业时，可能公司里的人不多，但随着企业的发展，创业团队也会不断壮大。慢慢地公司员工会不断增加，这时候公司就会出现管理层、高管。这个时候创业会遇到一道坎，就是放权。

面对这个问题，很多创业者都会比较苦恼。自己的权限应该怎么放？放给谁？放权之后的结果如何？创业者心里会有一个个这样的问号。但是企业要成长，创业者不得不学着放权。放弃也体现出管理者对追随者的信任，而信任是一种无形的力量。它能让追随者出色地完成任务，创造骄人战绩，可以说，信任是上级对下级的最好奖赏，是领导者用人成事的核心密码。

柳传志曾说过，一个优秀的企业领导者，应该像一根坚韧的绳子，能够把一串珍珠穿起来。放权做得好的企业管理者，不仅自己从事务中得到解脱，还会使企业发展得更好。

何享健在中国家电行业内被看作潇洒的企业家。在手机这么普及的年代，何享健竟然没有手机，他本人也几乎不用手机。他说："很多事，他们不用请示我。我要找人，几分钟就能找到。每天我一下班就回家，晚上从来不干活。”何享健爱打高尔夫，他不但周六、周日打，而且就是在上班时间他也能抽出一两天活跃在绿茵场上。

作为企业领导者，他怎么能做到这么轻松呢？而和他同行业的人每天却要工作10个小时。对何享健管理模式熟悉的人透露，他“能把职业经理人放得很远，又能收得很紧”。他对经理人充分授权，同时对经理人也有着严格的业绩考核。

何享健的做法就是让别人替自己操心，美的经理人对企业未来3至5年的危机感显而易见，他们中一些人的忧虑感甚至更强于企业真正的老板。所以，何享健说：“办企业靠的是人才，在行业里我认为我的经理人是最优秀的。在企业里，我什么都不想干，不想管。我也告诉我的部下，不要整天想自己怎么把所有的事情做好，而是要想如何把事情让别人去干，找谁干，怎样为别人创造一个环境，你要做的是掌控住这个体系。”

放权能让创业者从烦冗事务中解脱出来，以更多时间和精力思考和解决重大问题、难点问题。杰克·韦尔奇有一句经典名言：“管得少就是管得好。”这句话，刚一听感到不可思议，但是仔细想想是有道理的。对企业创始人来说，管得少并不说明管理的作用被弱化了，如果施行的是效率管理，可能会产生更大的效果。何享健管理企业的模式就是一个典型的案例。

对创业者来说，要做好放权也不是一件简单的事，其中最重要的就是权力与责任的统一。在授权时，管理者要规定好相关的工作范围，即要给予追随者足够的信息和支持，也要规定好责任范围。让追随者拥有权限的同时，可以独立负责或彼此负责，这样就不会导致管理上的混乱。

马云创立翻译社的时候，他把学校教英语的老教师组织了起来。当时翻译社并不赚钱，赚的钱还不够付房租。这时候马云就去进了一些小商品，沿街叫卖，用赚到的钱补贴翻译社。就这样，马云养活了翻译社三年，才转亏为盈，这时候马云离开翻译社去做互联网。

在做中国黄页的时候，由于和杭州电信合作失败，马云离开了中国黄页，并把他的所有股份留给了跟他一起创业的伙伴。随后，马云去北京创业，和他一起做中国黄页的人又追随他到了北京。在北京创业失败后，马云决定回杭州再次创业，这次他的追随者放弃高薪，又跟着他到了杭州。

马云在做阿里巴巴的时候，启动资金是50万，他让18个人都出钱。不是马云拿不出这笔钱，而希望公司是大家的，所以18个人都出了钱，各占一份不同比例的股份，并写在纸上，签上名字。

十年后，阿里巴巴上市，当初创业的18个人都成了亿万富豪。现在这18个人还在追随着马云。马云当初辞去大学教师的“铁饭碗”就是想去创业，所以经过几次创业失败他仍不放弃。因为马云的目标很明确，他就是要创业，并要创业成功。

所以，对创业者来说，在创业过程中，有所失才能有所得。为了得到一些东西，你必须要放弃另外一些东西。若是一味地过多地权衡，患得患失，到头来可能两手空空，一无所得。舍得是一种智慧，也是一种豪气，更是一种深层次的进取。

设定绝不允许触碰的底线

无论是做人还是做事，几乎都有一条守之即成、过之即败的底线。如果守不住这条底线，那么做人就会失败，做事也不会成功。对创业者来说，一定要设置绝不允许触碰的底线，因为这关系到创业的成败。

在这里底线是社会学、经济学和心理学术语，就指人们在社会、经济生活中谈判双方讨价还价时心理可以承受或能够认可阈值的下限或某项活动进行前设定的期望目标的最低目标和基本要求。

对创业者来说，由于承受着经营风险、管理难题、事业成败、企业发展等多重压力，如果创业成功创业者就会人生辉煌，如果失败就面临着倾家荡产一无所有的窘境。所以，创业者为企业支付了很高的人生成本，如精力、时间与金钱。除了这些可以量化的因素，还有很多无法量化的因素，如客户资源的积累、市场的知名度、公司品牌价值等。这些无法量化的因素往往意味着巨大的商业利润，一旦事业失败，所有的这些利润都将无法收回。因此，创业者对自己企业的感情是外人无法理解的。创业者的底线来源于对事业成功的追求，它是一种人生的成就感和使命感。

在职场上，员工也有自己的底线。对员工来说，其底线是建立在养家糊口现实之上的，其次才是自尊。员工在找工作时，都想找到高薪的工作，以此来证明自己的能力和人生价值。同时，员工在工作中也希望得到老板的赏识与尊重。但是，员工对公司的付出可能是有限的，也可能不会对公司有什么深厚的感情，合则留，不合则去。这就是老板与员工的最大不同，这也是可以理解的，不能求全责备。

老板作为创业者，把自己的一切都押在了创办企业上，创业的成败关系到老板的身家性命。所以，在创业的时候，老板设定绝不允许触碰的底线是无可厚非的。在职场中的人都知道，一旦老板设定了底线，那么触碰底线的人都没有好结果。

在南宋时期，岳飞可谓能力很强，他率领岳家军横扫敌军无人能挡。当时，宋高宗答应岳飞让他指挥各路大军进行北伐，可是后来不知什么原因，宋高宗取消了成命。岳飞很气愤，就辞职回家给母亲守孝。

不久，宋高宗派人请岳飞出山，岳飞还在气头上，就坚辞不就。这时宋高宗连下三道诏书，过了六天才把岳飞劝回来。

回去后，岳飞认识到自己的做法不对，于是就向宋高宗请罪，宋高宗也表示对他予以原谅。但是，岳飞的所作所为对宋高宗来说，已经触碰到了他的底线，这也为后来岳飞的悲惨结局埋下了伏笔。

俗话说“没有规矩不成方圆”，无论做什么事，都要讲规矩。曾有人以“老板的底线”为话题进行过调查，调查结果显示，66%的受访者表示会去试探或者触碰；16%的受访者认为“老板心，海底针”，不碰为妙；8%的受访者认定这是自找苦吃；还有10%的受访者表示根本不了解老板的底线，从来没考虑过这个问题。

这个调查结果，反映出了很多职场人士不懂得如何跟老板沟通。如果跟老板沟通的话，触及底线绝对是最糟糕的一种处理方法。

由于创业者的性格不同，在公司的不同发展阶段，在人生的不同阶段，他们的心理底线是不一样的。但是，有三条底线是要明确设定的，并且要让员工知道。

一、服从

服从不仅是军人的天职，对员工来说也一样。从某种意义上而言，服从就意味着放弃，即放弃借口、抱怨和牢骚，放弃拖延的坏习惯，放弃投机取巧的工作心态。其实，企业里最优秀的员工一定是一群服从的人，他们绝对服从上级的指示，是最完美的执行者。

如果员工缺乏服从意识，总是把老板的话当耳边风，不当一回事，口头随便敷衍，却没有行动，坚持自己的态度与方法，那么企业将会出现各自为政的混乱局面，整个团队也可能会成为一盘散沙。所以，要把服从设定为底线，因为员工不服从就没有高效率，也就不会有竞争力。

二、守法

对员工来说，守法就是遵守企业的规章制度。因为，企业规章制度是企业制定的组织劳动过程和进行劳动管理的规则和制度的总和，也称为内部劳动规则，是企业内部的“法律”。企业的规章制度不是随便规定的，它对于规范企业和员工的行为，树立企业的形象，实现企业的正常运营，促进企业的长远发展具有重大的作用。

其实，在日常生活中，“规范”和“制度”存在于方方面面。大到一个国家，小到一个企业，都会有它的规章制度。有的员工无视公司规定，挑战公权力，也等于没把老板放在眼里。这样的员工无论能力有多强，总是让人反感，因为他触碰了游戏规则的底线。

三、合作

一个企业就是一个团队，只有所有人相互合作才能把事情办好。现在社会分工越来越细，人们之间的相互依赖越来越强，合作已成为企业发展的关键。企业员工合作水平的高低，不但对员工自身的发展，而且对企业未来的发展都有着重要意义，这也是企业重视员工合作能力的原因。

如果员工的本位主义太严重，什么事情都以自我为中心，以“我”为出发点考虑，而不在乎整个团队，那么这种员工的存在对企业、团队都是一种伤害。

其实，任何情况下，老板都不能容忍这种人，那就是不关注公司生存、不认同公司文化，并且侮辱公司或拒绝合作的人。所以，在一个企业里，老板要会设底线，员工要懂守底线。员工不能越界，底线必须坚守。

取悦员工是最重要的投资

对企业来说，员工是构成企业的基石，也是企业长远发展的原动力。特别是对创业者来说，在企业初创期，由于品牌还没有形成影响力，外部资源又不足，在这种情况下，员工就是企业最有价值的资产。

员工对企业的重要性，美国“钢铁大王”卡内基有句言：“带走我的员工，把我的工厂留下，不久后工厂就会长满杂草；拿走我的工厂，把我的员工留下，不久后我们还会有个更好的工厂。”21世纪是人才比拼的时代，一个企业可以没有最先进的设备和管理制度，却不能缺少优秀的人才。现在，人才战略已经成为企业发展中不可缺少的战略之一，人才的去留也会直接影响公司的效益。

所以，如何留住员工，让员工安心工作，创造更大的价值，是现代企业都很关注的课题。在人力资源管理制度上已经发展出了取悦员工的哲学，内部营销就是取悦员工的一种方式。什么是内部营销呢？20世纪80年代，克里斯蒂安·格纲洛斯对内部营销下了一个定义，就是把公司推销给被看作内部消费者的员工。这样做的好处是“员工的满足程度越高，越有可能建成一个以顾客和市场为导向的公司”，后来，克里斯蒂安·格纲洛斯又对内部营销的概念做了拓展，他主张“以一种积极的、通过营销方式进行的、互相协调的方法来推动公司内部职员为顾客创造更好的服务”。内部营销的优势就是，能使员工认同企业的价值观，从而更好地为企业服务。

曾有营销专家对内部营销进行过精确计算，那就是一个企业在内部营销上每花费一分钱和一分钟，对外部市场都会产生价值倍增。在美国的一些商场，老板通过给员工折扣的方式，让员工在自己的商场里消费。福特汽车公司也曾让员工购买自己出产的汽车。

特别是现在高新技术产业日新月异，技术革新的速度惊人，但是高科技公司需要员工源源不断的创造力，为了激发员工们的创新能力，各公司用不同的方式取悦员工，刺激他们的创造力。

设计师萨格迈斯特每隔七年，就会将他的设计工作室关闭一年，给员工和他自己放一个长达一年的假期。假期结束后，大家都带着全新的面貌精力充沛地重新投入到工作当中。

而阿莎娜（Asana）公司选择用美食来提高员工的创造性。这家公司的办公室中配有一个商业厨房，还雇了两名专业的厨师来为员工搭配健康、美味的菜肴。这样不但提高了员工的工作效率，而且还避免了员工午后嗜睡的习惯。

这些取悦员工的方式还是很有效果的，不仅能使员工满意，而且老板也因为员工的创新产品而满意，重要的是客户也满意了。所以，取悦员工在以人为本的管理体制模式中，具有很高的价值。它不但能激发员工的创造力和潜能，还能够让员工全心全意地为企业服务，使企业和员工最终形成共同成功的价值共同体。

除了内部营销，对员工的培训也是取悦员工的一个方法。现在提倡建立学习型组织，要求员工成为合格的学习者。其实，对员工的培训进行投资，对员工而言能提高其自身能力，更好地适应企业的发展，从而提升自己的价值；对企业而言，这也是企业发展的必然要求，如果不这样做企业就要落后。如今，培训作为对员工的一种有效激励手段，已经得到管理者们的普遍认同。

但是，仍然有一些企业管理者，舍不得对员工的培训进行投资。他们宁可花费大量的资源去购买设备，也不愿意为企业员工的成长提供必要的培训。其实，他们不明白，用同样的资源投入，如果用于招聘人才、培养人才的话，投资回报率至少高20倍以上。

所以，对于一家企业来说，取悦员工是一种战略；对于员工来说，这是实现自我价值的手段，而最终目的是实现企业和员工之间的双赢。所以，创业者要学会取悦员工，这对创业来说也是一项重要的投资。

坚信你所相信的

对创业者来说，重要的是要有自信。如果一个人连自己都不相信，还能指望别人相信他吗？还能指望团队相信他吗？具有强烈自信心的人，能够承受各种考验、挫折和失败，这种自信心会使人们一生受用。所以，创业者要相信自己一定能行，一定要坚信你所相信的。

企业的创始人尤其要相信自己的直觉。在创业初期，企业还在找方向，这时候团队在战略上的分歧和争议是难免的，也是正常现象。但是，作为创始人一定要有定力，不能被七嘴八舌推着走，要坚信你所相信的，敢于拍板，迅速决策、迅速行动，迅速调整。创业者对别人的意见要慎听，永远不要用别人的脑子代替自己做出判断，永远不要用集体意见代替自己的决策。

马云是创业者的榜样，他的人生信条之一便是相信自己，不管是之前创业的时候，还是后来管理阿里巴巴时，他都坚持这个信条。因为马云知道，作为一个管理者，被别人说服往往就是自己犯错的开始。别人的意见或许有道理，但是一味地去听从别人的建议，会让自己迷失。马云当初创办互联网公司时，遭到很多人的反对，但是他坚信自己是对的。

1999年，马云开始第三次创业，当时他们准备做一个电子商务网站。一开始，他的创业团队就有了不同的想法。有人主张做B2C，有人提出做C2C。但是，马云决定做B2B。然而，团队对马云的决定并不认可，大家都觉得他这个想法不太可能实现，因为当时互联网上还没有这种模式。但是马云却说：“如果一个想法80%的人都说好，那么你可以直接将它扔进垃圾桶。如果大家都想得到，别人能比你做得更好，你还做什么？”事实证明马云是对的，阿里巴巴获得了成功。

后来，马云说：“创业者未必一定要懂你所做的是怎么做出来的，但你要深信它的前景，要深信它可以给别人带来的真正价值。如果你觉得有机会并坚信，那就往前走。”

如果当初马云没有坚定的信念，就不会有今天的阿里巴巴。有句话说得好：“当你坚信自己是对的时候，你的世界就是对的。”当你坚信自己，肯定自己，坚定走自己的路，慢慢地，这股力量就会变成正能量，感染身边的人。

马云在一次员工大会上说：“我们believe（相信）才会学习，所以不要去管别人怎么说，也不要去管别人怎么看我们。疯人院里面的人从来不相信自己是疯子，而我们这里的人不能相信自己是傻子。听到了，断言、重复，传染‘我是第一’，传十遍，然后重复说一百遍，然后你就是第一了，很多事都是这么起来的。”这就是坚信的力量，作为企业的管理者，要做重大决定的时候，要坚定自己的信念，不要被别人的意见所左右。

十年前，王健林准备做万达影院的时候，有人说这个千万不能做，因为家庭影院就要普及了。当时王健林说，你能够想象两个年轻人谈恋爱坐在家庭影院看电影，而父母坐在后面的景象吗？不能想象，所以电影院不仅是看电影的地方，还是年轻人坐在里面谈恋爱、聚会的地方。

万达院线2005年成立，2015年1月22日，万达院线正式登陆A股市场，成为中国院线第一股。现在，万达院线稳居中国第一的市场份额。

成功的创业者都有一个共同特点，那就是能够坚信自己的想法，而不是盲目随大溜，跟在别人后面转。在做决策的时候，也不会因为别人的意见而动摇，因为他们知道别人的意见也未必就能为企业带来良好的发展，没准还会为企业带来负面影响。

所以，对创业者来说，对别人的意见一定要慎听。因为事情是你在做，情况你也最了解，别人并不在你的位子上，能给出什么好建议呢？特别是组织内部的细微地方，外人是不可能感受到的，不管他多么有经验有水平，都很难给出有效的具体建议。

因此，企业的管理者要坚信自己是最懂行的，敢于坚持自己的信念。虽然俗话说听人劝吃饱饭，但是很多时候别人的意见并不见得是正确的。虽然他们的建议可能出于好心，但是由于出发点不同，所以考虑的问题也可能不同。要知道，他们只是建议者，并不需要为结果负责，所以他们的建议基本上很难确保结果。

同时，创业者对别人的创业经验也要慎听，因为别人的创业经验未必对你适合，可能给你建议的人自己根本没有创过业，他的道理都是道听途说的。创业是一门实践科学，没有亲身创过业的人，是没有资格去教别人怎么创业的。

所以，创业者永远不要把决策的责任交给别人，永远不要用集体决策代替自己的决策，也永远不要放弃自己的思考。有句名言说："一旦你为别人的看法所左右时，你已沦为别人的奴隶。只有当你不再等待别人的认可时，你才能真正主宰自己的命运。"希望创业者能记住这句话。

第六章

找资金：搞定钱，才能赢未来

很多创业者不缺项目，不缺团队，唯一缺的就是资金。创业需要启动资金，没有资金再好的创意也是空中楼阁。创业资金从哪里来呢？如果自己有积蓄最好，如果自己没有钱，那就要融资了。其实，现在很多伟大的企业，当初创业的时候都是靠融资。去哪里融资？如何融资？这是创业者必须解决的问题。因为，搞定钱，才能赢未来。

你为什么要融资？

对创业者来说，融资是企业生存的保障。因为创业需要启动资金，企业发展也还是需要资金。再说现在市场竞争非常激烈，企业必须快速发展，发展得慢就会被竞争对手吃掉。所以，企业要想生存、发展、成功，融资是最重要因素之一。

资金对企业是非常重要的，企业需要资金就像人活着需要“血液”一样，人没有血液不能活，企业一旦缺乏流动资金就会失败。因为，任何一个企业的创立、生存、发展、成熟，都要以投入、保持和再投入、再保持一定数量的资金为前提。所以，融资就是企业正常运转的重要条件。我们现在看到阿里巴巴是很成功的企业，其实当初马云也是经过几次重要的融资才使阿里巴巴活了下来，才取得了今天的成就。

1999年2月，马云在自己家里创办了阿里巴巴公司。阿里巴巴的启动资金是它的18个人共同出资的50万元。

但是，到了1999年底，钱已经成了阿里巴巴最大的问题，马云急需融资。1999年10月，由蔡崇信牵线，马云筹集到第一笔天使投资500万美元，是由高盛公司牵头，联合美国、亚洲、欧洲一流的基金公司如汇亚、银瑞达、新加坡科技发展基金参与。就是这次融资，把阿里巴巴从失败的悬崖边拉了回来。

2000年时候，马云又需要融资，马云去美国找风险投资，但是没有融到一分钱，因为人家不相信他的商业模式。就在这个时候，软银的孙正义出手了，2000年1月18日，马云收到软银2000万美元的投资。就在这一年4月，美国纳斯达克市场IT泡沫破灭，股价暴跌。这之后再没有投资者向中国的IT企业投资，而阿里巴巴却有充裕的资金度过寒冬，并快速扩张。此后，软银开始不断地支持马云，才使得阿里巴巴步步为营，取得了今天的成就。

2004年2月17日，由软银牵头，出资6000万美元，其余2200万美元由富达、TDF和GGV出资。这笔投资是当时国内互联网领域金额最大的一笔私募投资。

2005年的时候，阿里巴巴缺钱，但是软银又不能一直烧钱，这时雅虎雪中送炭，给阿里巴巴投资了10亿美元。靠着这10亿美元，阿里巴巴不仅孵化了淘宝、支付宝，还度过了2008年的金融危机，才有了今天的规模。

可见，融资对阿里巴巴的成功功不可没。对创业者来说，创业的终极目标是创业成功，使企业价值最大化，要实现这一目标就离不开融资。这是因为，首先，企业要壮大，没有投资不行；其次，企业要竞争就要不断融资，因为市场竞争激烈，保守的做法虽能保得一时，但只有融资才是最终的出路；再次，企业要发展，没有融资不行，不论是研究开发，还是提高生产效率都必须进行融资。

对创业者来说，融资不仅是解决企业缺钱的问题，而且还具有融智、融资源、融平台、融渠道等功能。因此，融资的意义在于以下几个方面。

一、得到投资方指导

投资方，特别是一些天使投资人，他们有的是行业中的大佬，有的有过成功的创业经历。他们对市场的把握以及创业项目的挑选都有独到的眼光，自然也有培植项目的能力。既然他们会投资给你，那么他们就会提供关于产品、技术方面的专业意见，或者关于公司管理、商业模式、战略方向的经验及思考。这对创业公司来说是无价之宝，对创业者的指导意义远大于金钱。

二、得到融资

对于创业者来说，有时候资源的重要性大于资金。资金是有限的，而资源的能量是无限的。对投资人来说，他们往往都有除资金以外的资源，如政府、媒体、人才、市场渠道及下一轮融资的渠道等。为了支持你的项目，投资人是愿意向创业者提供这些资源的。

三、获取平台

这对创业者也是很有意义的，一般来说，投资人都是知名人士。他们投了你的项目，就说明你的项目获得了名人的认可。这对创业者来说，就是一个闪亮的宣传点，这对创业就是一个强有力的保障。

四、加快企业成长

在大众创业的时代，一个好项目出现了，随后很可能会出现很多抄袭者、模仿者，他们将成为你的竞争对手。如果你的资金可以支持项目稳健发展，那么双倍的资金就有可能让项目快速成长。如果你对是否融资还犹豫不决，那么你的竞争对手可能抢先采用融资策略，那么就会超越你，甚至打败你。无论是为了超越对手也好，还是应对激烈的竞争也好，创业者都应该去融资。

融资对创业者如此重要，那么什么时候是创业者融资的最好时机呢？有一些创业者认为，没钱的时候才要融资，这样的想法是错误的。因为当你没一分钱的时候，你发现融资是非常困难的，再说了融资本身也需要时间，不是说想要钱的时候随时都有。况且，在你的项目无法正常运转时，拿这样的项目去融资往往会令人生疑。所以，对创业者来说，融资的最佳时机是在你“需要钱的时候”，也就是说，当你产生了一个用钱的计划（半年或一年期），包括但不限于房租、工资、耗材、宣传等，这时候你就要优先考虑为这个计划去融资。

融资，既要谨慎又要有态度

现在“大众创业、万众创新”已经成为我国的两大新引擎，再加上“互联网+”的助力，创业已成为一种潮流。创业是一项崭新的事业，是社会进步的动力，但是创业的路也是很艰难的。特别是草根创业，既无资金，又无资源，更无背景，那么在创业过程中就少不了融资。58同城的CEO姚劲波就说，现在企业不融资就能成功？不可能！

既然融资是创业者绕不过去的坎，那么对创业者来说，在融资之前一定要谨慎。然而，在现实中，有很多创业者在融资时，却陷入了误区，甚至被骗。

刘先生接手一家企业，因安置员工等原因急需一大笔资金。在一次饭局上，刘先生认识了徐某，徐某得知刘先生急需资金，就向刘先生承诺，可以在深圳找一家香港的投行，为其贷款融资1000万港元。

刘先生很高兴，后在徐某的引荐下，刘先生见到了两个人，他们自称是香港东盟工商联合会国泰投行代理人。他们表示可以给刘先生投资，但是需要刘先生出资5万元在深圳公证处对投资事宜予以公证。随后，刘先生将钱给了中间人徐某。不到一天，徐某就告诉刘先生公证办好了，双方可签融资合同。在合同中，甲方为刘先生的企业，乙方为香港东盟工商联合会国泰投行，双方约定甲方以精细化工项目、土地使用权等做抵押，向乙方融资1000万港元。双方还签订了一个补充协议，即乙方在银行办理好手续后，甲方需立即支付60万元利息作为酬劳。

合同签订后时间不长，徐某就告诉刘先生融资款项已到，是一张外汇汇票，需委托一家能接收外汇的公司代收。刘先生找到代收公司后，就和徐某来到银行查询，银行账户上确实多了一笔业务，但7天后才能操作，需要验证汇票的真实性。这时候徐某称钱已到账，让刘先生支付利息。刘先生就向一家投资担保公司拆借高息贷款60万元，并将钱打到了徐某指定的账户上。

但是，半个月后刘先生收到银行通知单，等来的不是融资巨款，而是一纸对方账户已经关闭的告知单。刘先生发现被骗后，报了案。但是，由于欠下了高利贷，刘先生只得卖了自己的房子、车子还债。

据调查，融资企业在融资过程中被骗的不在少数。这些骗子利用融资人急需资金的特点，实施诈骗。所以，融资者在融资时，一定不要太心急，要找正规的渠道融资，同时对投资的情况也要做一些调查。

据报载，高盛公司也出现过山寨版，这家公司完全山寨了这家国际投行巨头的中文和英文名称，中文名与美国高盛使用的汉字标识相同，就连英文字体也模仿得惟妙惟肖。所以，对创业者来说，找投资也要谨慎，找到一家不靠谱的风投，可能会使自己的信誉受损。

创业者在创业过程一般会启动快速发展模式，这时候融资是少不了的，但是在操作过程中，不但要谨慎还要有态度。马云在为阿里巴巴融资时就做得很好。那时候阿里巴巴虽然急需资金，马云也接触了不少投资者，但是这些投资者因为没有达到他的融资标准，他就没有接受他们的投资。据说，当时马云接受软银的投资，孙正义准备投给马云3000万美元，而马云觉得3000万美元太多，他担心失去对阿里巴巴的管理权，最终只选择了2000万美元，但是从今天阿里巴巴的发展规模看，马云以不贪心的态度的确做了一件最正确的事情。

同样，早期的腾讯网发展的速度很快，面对上亿个流量不断增加的服务器，但是却很难找到赢利模式。一度因为资金短缺，马化腾差一点将腾讯以100万美元的价格卖掉。后来是别人觉得太贵没有买，才保留了下来。然而，就在这个时候，腾讯获得风投公司的青睐，在最困难的时候融资，从而平步青云，开启了快速发展模式。但是现在不少互联网公司，看似很需要钱，其实内心很空洞。一旦和资本结合，走上融资之路，就可能使创业会变得更加艰难！

所以，有专业人士表示，对于初创公司，经过几轮融资是可以获得大量资金的，从而加快公司的发展速度。但是得到融资并不一定能保证创业公司立刻就走上事业的巅峰。甚至对很多公司来说，融资并不是一个合理的选项。

2015年4月赶集网和58同城合并，赶集网曾表示是“输在了资本上”，因为在最困难的时候没有拿到足够多的融资，同时上市又慢了。然而，真实的原因是，融资公司左右了赶集网的决策，这种过度的股权稀释使赶集网的发展面临困境。从这里我们看出，当初马云为什么不要孙正义的3000万，而只拿了2000万。所以，融资要谨慎，不要太贪心，因为谁的钱也不是白花的。

创业者应该如何选择融资渠道

创业需要资金，特别是对一些草根创业者，既没有资金，也没有关系，更缺少背景，他们拥有的只是创意和一腔创业的热血与激情。创业者想把自己的创意变成产品，融资是少不了的。虽然说现在创业比较简单，但是融资还是不容易的，好在现在的融资渠道还是比较多的。下面介绍几种融资渠道，供创业者选择。

一、自筹资金创业

自筹资金创业是最简单也是最难实现的，说它简单是因为一切靠自己，说困难是因为通常一个人很难积攒下全部的创业启动资金。在创业者当中，能实现自筹资金创业的人，一般都是在社会上摸爬滚打多年，拥有了一定的积蓄。有调查显示，成功企业家创业当初有30%的资金是来自个人的积蓄。

自筹资金创业有其自身的优点，一是启动速度快。我们要知道找融资只能是锦上添花，而不是雪中送炭。现在仅凭一个商业计划书，如果没有靠谱的熟人引荐，创业者是不可能拿到天使投资的。如果你觉得你的创业项目足够好，有市场前景，你又有一定的积蓄，那么就没有必要找早期投资。因为时间不等人，错过了机会黄花菜都凉了。二是小众领域首选，如果你的创业项目很小众，市场规模又不大，这样的项目是很难融资的。但是，这个创业项目又有一定的商业价值，那么自筹资金创业是不错的选择。三是这个项目能赚钱，是个很好的商业模式，既不需要烧钱，也不需要做到上市，那么就不需要去融资。

然而，自筹资金创业也要注意几个问题。首先，创业者必须坚持自己的经济观念，在筹资的过程中，无论亲朋好友给自己多少钱，都要保证自己投入最大的股权，这样就不至于在企业经营过程中受到他人的制约。其次，创业要有“储蓄的习惯”，这也是很多银行考察货款客户的一个项目。有“储蓄习惯”的人自然就有偿还能力，这样就具备了信用基础。在创业的时候，不仅可以依靠自己的一笔积蓄，还可以从亲朋好友那里借来钱。

但是，自筹资金创业也是有缺点的，就是不能使企业很快发展壮大。如果你想让企业快速增长，就需要有大量的业内相关资源来嫁接或者扶助，在你需要后续资金帮助时，你就要考虑融资了。

二、向亲戚朋友借钱创业

据统计，在创业者中有高达57.55%的创业者是靠向个人和亲友借钱创业。创业者都知道，从亲戚朋友那里获得创业资金，比从天使投资人那里获得资金更快。因为天使投资人对创业者并不了解，他们需要对创业人员进行一番审查，而熟人只要对创业者足够信任，就会为其投资。

但是，创业者从亲戚朋友那里借钱时，要注意以下的环节：

第一，不要怕开口，言辞需谨慎。如果创业者坐等熟人为自己提供创业启动资金，那就不知会等到猴年马月了。但是如果创业者见人就说自己需要钱，这恐怕熟人也会躲着你了。在借钱的时候，创业者要好好练一下“电梯间演讲”，把要钱的话放到最后来说。

第二，生机勃勃，毕恭毕敬。没有什么比消极傲慢的态度更能扼杀别人的信心和提携的意愿了。对有意愿投资的人，创业者可以请熟人为公司出谋划策，或者聊一聊公司的进展，这样既可以拉近与投资人的距离，又容易获得别人的好感。

第三，要对自己的创意充满激情。创业者要让自己的亲戚朋友知道自己的创意不是白日梦和“灵光乍现”，而是经过深思熟虑的，并且对所有潜在的风险已进行了调查，这样才能让别人知道你的真挚程度和思考深度。

第四，展示自身的资金投入。创业者在借钱的时候，与其说自己需要启动资金，不如说自己已经筹集到资金项目已经启动，只是需要资金进行市场推广，这样会更有说服力。如果说得天花乱坠，却没有付诸行动，是不能取信于人的。所以，要先行动起来。

第五，融资不能急，要按部就班。创业者都想要很快得到一大笔资金，开办自己的公司。但是很难找到一位愿意出这么多钱的投资人，所以创业者要设置一些时间节点，并向投资人展示自己的成果，然后再要求进一步的投资。

第六，明确告知风险，立字为据。是投资就有风险，这一点创业者必需要向亲朋好友说明白。如果一些亲朋好友没有能力承受损失，就不要从他们那里拿钱。一定要想清楚，一旦创业失败可能面临资金损失殆尽的后果。

第七，逐步展示企业的价值。在核心产品还在开发的时候，创业者需要想法让外围产品一定程度上获得市场的认同。这样做的好处是，可以一边开发，一边根据市场变化对产品进行修正，还可以让投资者看到企业的进步。

第八，先建立人脉。在建立人脉的时候，创业者要把自己的项目做好，让投资者看到实实在在的东西，而不仅仅是个创意，这样会带来非常积极的效果。融资前，先与投资人建立友谊，然后就自己的项目向投资人征求意见，如果投资人对项目感兴趣，接下来就可以开口要钱了。

其实，从亲朋好友那里获得创业资金，是有很多好处的，不仅可以让亲朋好友分享创业成功后的利润，还能提高创业者的信誉度。但是，不要因为向亲朋好友借钱创业，最后导致亲友之间关系破裂。

三、合伙经营

合伙经营重要的是选择合作伙伴，合伙创业的好处是人多力量大，能减轻创业初期的资金压力。但是，合伙创业也有不好的一面，俗话说“生意好做，伙计难搁”。合伙创业讲究的是同心协力，如果和创业伙伴之间的关系处理不好，那么就会给创业带来风险。

创业选择合伙人要注意以下几点：一是合伙人之间要能力互补，这样才能提高整体能力。二是合伙人要有相同的价值观。三是合伙人之间要互相包容，因为在创业过程中，难免会出现错误，所以合伙人要有容错的能力。如果总是互相推诿指责对方，那么合伙创业的结果就会以朋友绝交收场。因此，合伙创业选择合伙人至关重要。

四、用自己的实力获得创业基金

现在很多地方的创业园区和政府机构，都有为创业者提供创业基金的政策和孵化器，同时，一些知名创业扶植服务机构、基金也会定期举办创业大赛等活动。创业者通过展示自己的实力，从众多申请者中脱颖而出，从而获得创业的“第一桶金”，也不失为一个高效、可行的办法。

五、获得风险投资

风险投资是一种高风险高回报的投资，投资者往往以参股的形式进入创业企业。一般风险投资对高科技创业企业比较青睐。

风险投资人在投资项目的选择上，很注重创业团队，要求创业团队要有诚信，有学习能力，有创业激情，还要有很强的执行力；在项目上要求方向要对，要在未来几年能持续发展。

六、获得银行贷款

对创业者来说，银行贷款是创业获得资金最为广泛的一种模式，但一般情况下需要有固定资产进行抵押。银行贷款的缺点就是手续麻烦，虽然国家出台了一些政策支持创业贷款，但是，很多创业者会觉得审查过于麻烦。然而很多银行都设有小额担保贷款，在必要时可用于满足企业日常生产经营的资金周转，帮助创业公司突破瓶颈。

但是，我国目前为创业者提供的融资渠道还比较单一，大多都是银行等金融机构。有句话说得好，“聪明的商人不会把所有的鸡蛋放在同一个篮子里”，作为创业者创业融资除银行贷款外还有其他的渠道。比如融资租赁、信用担保、资产典当等。无论选择哪种渠道融资，都要对自身的实力以及项目的未来有足够的认识，在充分分析风险与前景的前提下，才能选出正确的融资渠道。

创业融资的6个基本环节

对初创企业来说，融资是创业过程中十分重要的一环。在融资过程中需要了解准备哪些东西？会遇到什么样的问题？这对于初创业者来说是很重要的。下面给大家分享一下创业融资的六个基本环节，希望对创业者能起到借鉴作用。

一、撰写商业计划书

撰写商业计划书不仅是一个包装和表达的过程，也是一个厘清产品思路的过程。一个成功的商业计划书，对投资人才会有说服力。所以，创业者一定不要轻视对商业计划书的撰写。那么，应该怎样撰写商业计划书呢？商业计划书的核心要点就是：创业团队、商业模式、市场空间。创业者要阐述这三方面，只要写以下十二点就行了。

（1）封面，用大字写出创业项目名称。

（2）用高度凝练的语言介绍你的项目。例如，商业模式、创新定位、市场空间、竞争对手、创业团队、盈利模式、融资规划、资金用途，这些内容，都需要用一句话来阐述。因为投资人的时间是很宝贵的，看了这一页，就决定了他有没有兴趣再看下去。

（3）商业模式。就是你的项目能解决人们的什么问题，解决目前市场存在的什么问题，怎么能赚到钱。商业模式不要太复杂，要让投资人能看懂。

（4）市场空间。你的项目不仅要能赚钱，还要有市场空间，能持续发展。

（5）市场开发策略。不要说空话，要有事实和依据，这样才有说服力。

（6）竞争对手。要知道你的竞争对手是谁，还要说明自己的竞争优势。

（7）创业团队。投资人投资的不是项目，而是人。所以要对你的团队做一个简要介绍。

（8）近期目标与计划。要让投资人清楚地知道你的发展进程。

（9）市场预期与规划。要写下你一年或两年可以做多大的市场，能有多少营收。

（10）股权结构与投资情况。要让投资人知道你的股权结构，并对股东进行简要介绍，也要让投资人知道你的实际投资金额。

（11）融资规划。融资额度、出让多少股份、融资的用途都要说清楚。

（12）封底。要在封底留下你的联系方式，写下"谢谢"，这样显得有礼貌。

撰写商业计划书还要注意以下几点：要开门见山，直奔主题，深入浅出，重点突出，特色鲜明。能用图表的地方尽量用图表，这样会一目了然。

二、找到投资人

创业融资找投资人有两种方式：一是让投资人找你，二是你去主动找投资人。要想让投资人找你，就要做到：第一，创业者主动寻求互联网媒体报道，现在是信息时代，投资人都有看新闻的习惯，只要你的项目可行，投资人会主动找你；第二，将自己的产品推到免费推广渠道，如腾讯创业、IT桔子等，创业者要为你的项目找到合适的投递渠道；第三，将自己的产品推到融资平台；第四，入驻孵化器或联合办公场地，借助其资源，接触到投资人。第五，将自己打造成一个品牌，当你成为一个品牌的时候，投资人自然会找你。

创业者主动找投资人要做到：一找熟人引荐，投资人更愿意给熟人引荐的创业者投资。二主动投递商业计划书给机构，最好投递给新创基金，他们更愿意给新人机会。三直接投递商业计划书给投资人。四参加创投活动或者路演。五在各大咖啡厅等候投资人，这些地方经常会有投资人出没。六私信社交媒体上的投资人，创业者可以在知乎、微博、微信公众号里找到他们。

三、进行路演

路演以产品推广、活动营销为目的，是通过现场表演节目、产品展示、活动介绍、开展互动，引起消者的注意，聚集消费者的一种形式。那么，对初创业者来说，在路演时应该注意些什么，需要做好哪些准备才更容易成功？以下几点可供创业者参考。

（1）路演之前，要精心做一个PPT。内容主要包括：产品介绍、市场分析、产品定位、产品优势及产品壁垒、目前状况、商业模式、发展规划、创业团队等。要注意的是文字要精练，页数不要太多，十几页最好。

（2）路演时，开头的话很重要。最好讲一个有吸引力的、能让投资人兴奋的故事，故事可以是你对项目未来的愿景，也可以是目前市场上存在的问题。

（3）要选择与自己项目相符合的路演活动。

（4）做一个适合路演的商业计划书。在路演时，最好是能用几张突出你核心主题的图片，然后再配上凝练的文字，其他需要解释的东西记在心里，在演讲时讲出来就可以了。

（5）路演前，要做几次模拟预演。这样可以避免在正式路演时出现差错。

创业者在路演时，还要注意以下几个事项：一是对目标市场一点也不了解；二是空谈市场，却不聊自己的项目如何切入；三是不要面面俱到什么都讲，对于初创公司来说能让产品扩张出去，才是重中之重，然后再谈其他；四是不要只讲情怀，不谈项目；五是弄错了创业方向，涉足竞争很激烈的项目；六是对项目没有聚焦，不知所云。

四、与投资人谈判

当投资人对创业者的项目感兴趣时，下一步就是与投资人谈判了，在与投资人谈判时，以下几点可以作为创业者的参考。

（1）要有好的心态。创业者与投资人谈判时，有好心态很重要。投资人有一个理念，就是投资就是投人。所以，投资人考验的其实是创业者的为人。

（2）定位要正确。创业者在面对投资人时，要做出投资人与自己关系的定位。不要过分考虑投资人的特殊身份，而是要把投资人当成自己准备新交的一个朋友，这样才能谈后面的事情。

（3）对投资人要诚实。诚实是一切合作与信任的基础，一个人的信用是最宝贵的财富，一旦丧失，很难再获得别人的信任。

（4）如何与投资人谈条件。有的创业者害怕得罪投资人，从而失去获得投资的机会，所以投资人说什么就答应什么，其实这种做法是很错误的。一般来说，投资人提出的条件都是对自己有利的，而对创业者苛刻，但是这并不是说投资人的条件不可改动。大多数时候，投资人提出的条件都给创业者留有还价的余地。

（5）在商言商，有言在先。创业者在与投资人进行谈判时，如果对投资人的条款不满意，就要明确说出来。现在大家的时间都很宝贵，不用含蓄，在商言商，有什么就直接说出来。最终签订的条款必须双方都能接受，这样才能达到双赢的结果。谈判时要记住一点，该说的一定要说，如果当时不说，过后又乱说，这是不可取的。

五、签订投资意向书

经过谈判投资者愿意给你投资，下面就是签订投资意向书了。对初创业者来说，签订之前一定要仔细检查条款并三思而行。创业者不仅要考虑自己的利益，也要考虑团队的利益，不能害了合伙人，如果有条件建议聘请律师。创业者在签订意向书时，要注意以下几点。

（1）每股的价格。

（2）清算优先权。

（3）创始人股份兑现。

（4）董事会的构成。

六、获得注资

当创业者与投资人签订完投资意向书后，就是投资人向企业注入资金了。但是有的投资人给钱慢，像挤牙膏一样，要一次给一点。这是投资人在观望，准备见“好”就收，创业者这时候要向投资展示企业的进度和成果，以坚定投资人的信心。

融资一直是困扰中小企业的一个难题。对创业者来说，寻找合适的投资往往是个艰苦的过程。投资人并不是名气大就好，也不是资金多就好，而是适合自己的才是最好的。

创业公司如何做股权分配

股权分配是创业公司绕不过的问题。俗话说“亲兄弟，明算账”，如果股权分配做不好，将来必定会产生矛盾。很多企业的失败，就是因为股权分配没做好而留下的隐患。那么创业公司如何做股权分配呢？我认为以下几个方面可以作为参考。

一、将创始人的贡献估值

迈克·莫耶（Mike Moyer）在他的专著中提出，将创始人在创业项目中的贡献，按照市场价值估值，然后算出所有创始人贡献的总估值，再折算各个创始人贡献估值占总估值的比例，就是各创始人应该持有的股权比例。

创始人在创业公司中责任重大，负有管理公司和为决策拍板的重任，所以公司要给创始人合理的回报。创业公司由于资金有限，不能及时给予创始人足够的回报，那么创始人留在公司里的价值，就是创始人对公司的“投入”或“投资”。这种价值可以参照占大家总“投资”的比例来计算，这就是估值法，即按照创始人投入的“市场价值”来评估股权比例。

二、其他投入要素的估值

企业创始人对企业投入的要素不同，价值也不同。股权分配也要估算出其他投入的价值，再按一定的比例分配股权。

第一，投入时间。

这是创始人对公司最主要、最重要的贡献。对创始人投入到工作中的时间该怎么估算呢？通常是按照人才市场的工资标准来折算。这存在两方面的问题：一方面是如果公司给创始人足够的工资，那么就不能将工作时间计算到时间价值中去；另一方面，如果公司没有给创始人足够的工资，那么余下的部分，就可以作为创始人的投入。

第二，现金和实物的价值。

现金就是投入实际金额，一般就按其实际金额价值估算。而投入的实物要满足下面两个条件之一，才能作为实物资产。一是创业企业主营业务所必需的核心资产。二是专门为创业企业的经营而特意取得的。那么实物资产的价格如何估算呢？这个估算也不用太过复杂，如果实物是新的，就按购买价格计算；如果是旧的，就按旧货处理价格计算。

第三，办公场地。

在创业中，创始人可能会向创业企业提供办公地点、仓库、店铺以及其他一些创业企业经营所必需的场地。那么，这些场地的租金就是创始人对创业企业的投资。但是，并不是创始人提供的所有场地都能作为投资。一超出公司需要的场地，对公司没有价值，那么超出的部分不能作为投资。二如果创始人提供的场地不能盈利，也就是说不能给创始人带来现金收益，那么这个场地也不能折算价值。

第四，创始人的创意。

如果仅仅是一个创意，那么这个创意本身基本上不能折算价值。但是，如果是在创业项目开始之前，创始人已经把这个创意形成了成熟的商业计划，甚至开发出了初步的技术方案或做出了原始产品，那么，这个时候创意是对公司有价值的。通常这个创意要估算，就是按市场上为做这些工作付出多少工资，这个工资就是他对创业企业的投资。

第五，专利技术或知识产权。

创始人向创业企业提供的专利技术或知识产权的市场价值，就是创始人对公司的投入。如果创始人不想把自己的专利技术或知识产权提供给创业企业，只是给创业企业使用权，那么这个许可使用费就是创始人对公司的投资。

第六，人脉资源。

如果创始人能对创业企业提供公司需要的一些特定人脉资源，如果这些人脉资源能够给公司带来营收，那么就要按市场行情给创始人提成。公司如果没有支付这些提成，那么就要折算人脉对公司的贡献价值。

第七，其他资源。

如果资源提供方提供的资源不是闲置的，一旦提供出来，自己就不能再用了，那么这些资源就要按市场价值，折算成对创业企业的贡献价值。总的来说，创始人提供的任何资源，只要是企业需要，而又没钱支付的或不能全额支付的，那么这些贡献的价值，就视为对公司的投资。

在我国的创业企业股权分配上，比较成功的模式是责任最大者一股独大。因为，作为大家信服的大股东牵头人，他是公司决策的中心，对公司承担最大的责任。最好另外搭配1至2个占股权10%~20%，能与大股东互补的能力和资源的合伙股东。投资人在投资早期项目的时候，通常会认为比较好的股权结构是：创始人50%~60%+联合创始人20%~30%+期权池10%~20%（期权池是在融资前为未来引进高级人才而预留的一部分股份，用于激励员工）。

创业企业初期股权分配的目的，就是要让所有人在分配和讨论的过程中，心里感到合理、公平，然后忘掉这个分配而集中精力做事，这才是最重要的。所以，在创业初期就要把股权分配谈清楚，不然会后患无穷。创业企业要尽早把股权分配做好，不留后患。

融资后，有钱也不能乱花

对创业者来说，融资是一个艰辛的过程，融到资后，企业有钱了，但是钱也不能乱花。因为投资人是你的股东之一，你的花钱方式不能违背与投资人的约定。所以，有钱了也不能任性。再说，企业融来的钱不是你一个人的，你需要定期向投资人递交财务报表和运营报表。

初创企业完成融资后，只是企业发展的起点，以后还有很长的路要走。对于有志于成就一家伟大的公司来说，合理地规划资金的使用非常重要。那么，初创企业如何制定花钱规划呢？我认为要注意以下几个方面。

一、要冷静，做一个至少18个月的花钱规划

千辛万苦融到资金后，创始人难免会心情激动。但是，再激动也不能乱了方寸，要很快冷静下来，为企业下一步的发展做规划，这样你才能离自己的创业梦想更近一步。也许有的创始人认为，拿来的钱就是用来花的，不用考虑那么多。

但是，你要知道市场风云变幻，不是你所能掌握的，如果在这一轮融资中，没有达到融资时承诺的发展效果，那么在你需要下一轮融资的时候，可能会使你融资困难。如果你手上还有至少18个月的现金，那么情况就不一样了。在现金为王的时代，你的现金越充足，你的回旋空间越大。对创业者来说，拿到钱后要认真计划一下，钱怎么才能花18个月，这是很重要的。

二、花钱的节奏要与企业关键绩效指标相匹配

对企业考核的一个关键指标就是绩效，创业者所花的钱，都要和这个指标联系起来。要想法把绩效指标提高，并要在行业里走在最前面，这样在下一轮融资的时候，才有人愿意给你投资。

三、要对核心团队进行升级

人才对企业的发展至关重要，当你拿到钱之后，最好能聘请到一流的人才加入你的团队，对你的团队进行升级。如果没有人才，就是融到了钱，企业的发展也会受到限制。

四、要建立一个好的商业模式和财务模型

对初创企业来说，建立一个好的商业模式和财务模型非常重要，这一点创业者一定不能忽视。当创业者拿到融资之后，就要对自己原有的商业模式进行重新思考，看是否需要优化和升级。

有很多创业企业为了扩大市场规模，启用“烧钱”模式，花钱买客户。比如在对客户进行补贴的时候，要想清楚你要贴给谁？补贴的效率和能达到的效果怎么样？如果财务模型没有建立起来，就不要去补贴，因为这没有意义。同时，对于花钱的效果还要进行阶段性检查，并且要及时做出调整。

五、在花钱问题上财务人员要严格把控

对一个初创公司来说，融来再多的钱也经不起折腾。为了有节制地“量入为出”，聘请一位专业的财务人员是很重要的。因为很多创始人对财务问题没有那么敏感，他们常常不知道公司账上有多少钱。

要想做出一个合理的花钱计划，并且能贯彻执行，财务人员的作用是很重要的。所以，企业创始人一定要重视财务人员，让财务人员为你守好门、把好关。

对创业者来说，当融资成功后，手里突然就有了很多钱，如果这些钱你

不会花，可能就会犯错误。大众点评创始人张涛曾经说过：“我们拿到第三轮融资的时候，一下子就觉得公司这么强大了，很牛逼。作为一个牛逼的公司，钱都不投怎么能算牛逼呢？都看不到你的广告！于是我们当时就在分众投了1亿人民币的广告，因为我们觉得1亿人民币是小钱。我们变得不再像以前那样精打细算了，所以钱多真是害人，融到钱会让你做错事，而做错的事就很难收回，而且浪费了你公司的专注度，容易失控。”所以，无论是创业公司还是大公司，当融资成功后，一定要做一个花钱计划。

2015年8月，苏宁云商获得阿里巴巴集团283亿元的战略投资以及10亿元的内部认购。当时，苏宁云商在募集资金完成后，对融资到的钱怎么花做了如下计划：把钱用于物流平台建设、线下门店的发展、互联网金融项目、公司IT条件改善，在这些方面进行投入，目的是持续提升公司核心竞争力。这就是把钱用在刀刃上，用在公司最需要发展的地方。

但是，有的企业创始人在拿到融资后，花钱开始大手大脚，不再像刚创业时那么节省，而这些企业往往也会失败得很快。因为，在企业产生盈利之前，创业者手里的钱再多也不是自己的。要知道投资人如果看到创业者乱花钱，随时是都可能撤资的。

所以，对创业者来说，融资后花钱要遵循以下原则：

（1）增加用户、增大份额、增多业务量，使你的估值快速增长；

（2）拓展市场、加强销售，产生确实的利润并向股东做出回报；

（3）勤俭节约，把钱用在刀刃上，能省则省。

创业者还要牢记，绝对不能公款私用。否则等着你的将是法律的制裁，不但你的事业，就是你的人生，也可能因此被毁。因此，融资后，有钱也不能乱花。

创业者必须了解和规避的融资风险

创业离不开融资，创业成功的前提条件就是要有充裕的资金。但是，融资有风险。对初创业者来说，由于没有经验，考虑事情难免不够周全，所以就容易出现融资风险。那么，什么是融资风险呢？

对于初创企业，融资风险就是创业者在筹资活动中由于筹资的规划而引起的收益变动的风险。融资风险要受经营风险和财务风险的双重影响，这是因为在股权融资时，由于投资人占有较多的股份，创始人可能失去对企业的控制权，从而利益受到损害，造成经营风险。另一方面，创业者在进行负债融资时，创业企业可能丧失偿债付息能力而引发财务风险。一般来说，债权性融资的风险大于股权性融资的风险。

创业融资风险有两个方面的特征：一是创业企业的融资风险性更高，这是因为创业企业在经营方面存在有很大的不确定性，与一般成熟的企业相比经营性风险更高。二是创业企业融资面临的风险更多，不但要面临借款的财务风险，还要面临股权性融资带来的风险。因为，创业企业会由于其快速的成长，需要大量权益性资金的注入，这必然会影响原有股东的权益。所以，创业企业在融资过程中，存在债务融资和权益融资两个方面的风险。

那么，创业企业的融资风险是怎么形成的呢？这主要有以下几个方面的原因。

第一，融资结构不合理。

融资结构就是企业各种来源的资金在资金总额中的比例及其相互关系。创业企业在确定融资结构时，对负债的数量及其在资金总额中的比例以及负债期限要特别注意，如果融资结构安排不合理，就会给企业的利益带来损失。

第二，负债规模不合理。

负债规模是指企业负债金额的大小或负债在资金总额中所占比重的高低。负债规模过大或过小对企业的发展都不利。如果负债规模过大企业的利息费用就比较高，那么企业就有可能丧失偿还能力，增加破产的可能性。如果负责规模过小，满足不了企业对资金的需求，影响企业经营活动的正常运行。所以，企业融资时要确定好负债规模的“度”。

第三，融资的时机或方式不对。

企业在融资时，要充分考虑企业的自身条件和外部市场环境，选择特定的时间点进行融资，以实现最佳的融资效果。如果融资时机选择不对，会增加企业的融资成本和融资风险。同时，融资方式对企业获得资金的难易程度和对企业资质的要求是不相同的，所以，融资成本和融资风险也不同。

对创业企业来说，选择融资的时机和方式是引发融资风险的重要因素，在做融资决策时，企业一定要慎重考虑。

第四，企业对融入资金的管理和使用缺乏效率。

一些创业企业在融到资后，缺乏对资金的有效管理和使用，这都会对企业的融资造成风险。

第五，经营风险。

企业经营是指在企业的生产经营过程中，供、产、销各个环节不确定性因素的影响导致企业资金运动迟滞，产生企业价值的变动，从而给企业的融资带来了风险。

那么，对创业者来说，如何规避融资风险呢？我认为要做好以下五个方面。

第一，要增强融资风险的防范意识。

创业企业要把防范融资风险提高到关系企业生死存亡的高度来看待，要聘请有实战经验的财务人员，提高融资决策的科学性、合理性，从源头上降低融资风险发生的可能性。

第二，确定合理的融资结构。

首先，要保证创业企业资产有适当的流动性，避免无法偿还到期的债务而引发债务风险。其次，合理确定债务资本和权益资本的结构，以免造成融资风险，危害企业的发展。第三，合理确定长短期债务占资金总额的比例，短期债务资金成本低、风险高，长期负债资金成本高，但是风险相对较低。所以，企业要进行长短期债务的合理搭配，以免造成债务危机。

第三，完善企业内部治理结构。

创业企业要健全企业管理制度，完善股权治理结构。有学者指出，持有大宗股权的大股东往往会得到与他所持股份比例不相称的，比一般股东多的额外收益。所以，股东结构会影响股东间的利益分配，进而影响企业的发展，最终波及企业对外部资金的吸引力。

所以，创业企业要设计合理的股权结构，避免企业由少数股东控制，树立企业的良好形象，为企业将来的融资创造条件。

第四，增强企业透明度。

创业企业虽然规模较小，但是也要做好信息披露制度。这样做的好处是，能够让投资人正确判断企业未来的成长空间。同时，企业还应强化信用意识，树立企业的诚信形象，这对企业将来的融资和发展都有很大的好处。

第五，提高企业的综合素质。

对投资人来说，投资主要看创业团队。初创企业要打造一支优秀的团队是十分重要的，它决定了创业企业的成败。同时，优秀的创业团队，也是吸引投资的重要保证。

创业中融资是有风险的，因为任何融资行为都有可能带来风险。例如，太子奶就是因为融资不当，从融资开始到企业倒闭也不过仅仅9个月时间。所以，对创业者来说，充分认清融资的风险性，尽量避免在融资过程中出现的风险，这样才能保证创业企业顺利发展。

第七章

做产品：产品好卖，才是创业的王道

好的企业产品都卖得好。作为创业者，在创业之前一定要弄清楚自己的产品有没有销路，有没有市场。创业不是盲目的，做产品也不是盲目的，做产品之前做市场调研是必需的。产品怎么定位？产品怎么定价？产品的卖点是什么？等等。这些问题，创业者在产品做出来前，要搞得很清楚。要牢记，产品好卖，才是创业的王道。

市场调研，验证创意的可行性

很多人都有创业的梦想，很多创业梦想的实现起初就是一个创意。在互联网时代，有的人靠一个创意就拿到了融资，走上了创业的道路。我们中国人从来不缺少好创意、好点子，特别是在互联网时代，大批创业者投身创业大潮，将来会有非常多的成功的新企业诞生。

如果你有一个创意，自己觉得还不错，又想把你的创意变成一个事业，那么，你首先要做的不是开公司，而是要做市场调研，验证你的创意是否靠谱，是否具有可行性。毛主席说过，“没有调查就没有发言权”。对创业者来说，没有经过市场调查，就不可能有成功的创业。

所以，创业者在开始创业之前，做好市场调查，验证自己的想法是否可行，就能够大大减少创业失败的概率，提高成功的可能性。

在浙江绍兴有一个叫陶立群的小伙子，他大学毕业后准备自主创业，当时他对做蛋糕很感兴趣，决定开个蛋糕店。他父母知道他的想法后，极力反对，但是陶立群认准了这条路，他决心走下去。

决定了自己的创业方向后，陶立群就开始了市场调研。夏天烈日炎炎，陶立群冒着高温，在绍兴市区一家家逛大大小小的蛋糕店。他不是随便看看，而是看门道，想问题，白天逛蛋糕店，晚上则躲在房间里查阅资料，了解市场行情。

为了做好市场调研，他不限于绍兴市，他还跑到杭州、上海等城市做蛋糕市场的调查，进行可行性分析。经过一番辛苦调查，陶立群有了收获。他经过调研分析发现，在绍兴地区中高档品牌的蛋糕市场是空白的，并且还没有一家做现烤现卖蛋糕的蛋糕店。陶立群就把他的创业梦想，定位在了打造本地中高档蛋糕品牌上。

经过2个月的市场调查，陶立群写了一份《新天烘焙蛋糕可行性策划书》，这时他父母也开始支持他创业了。很快陶立群的蛋糕店就开张了，他做的蛋糕用料优质，口味独特，服务好，并且是现烤现卖，赢得了消费者的喜爱。一年后，他就开了两家连锁店。如今，他拥有5家蛋糕连锁店和一家加工厂，成为绍兴市里小有名气的创业青年，还被评为绍兴市创业之星。

陶立群之所以能创业成功，就是因为他在创业开始前，对自己想法的可行性做了大量的市场调研。只有经过市场调研才能了解市场的供求状况、现状及其发展趋势、经营模式和风险。可以说，好的市场调研是创业成功的保障。

对想创业的人来说，有了创意是第一步，但是这个创意是否成熟，是不是闭门造车，是不是别人已经做过了，等等，这些都需要经过市场调研来验证。那么，对创业者来说，如何通过市场调研来验证自己创意的可行性呢？

首先我们要知道什么是市场调研。市场调研就是指运用科学的方法，有目的地、有系统地搜集、记录、整理有关市场营销的信息和资料，分析市场情况，了解市场现状及其发展趋势，为市场预测和营销决策提供客观的、正确的资料。做市场调查要遵循以下几个步骤。

第一，确定调查内容、目的和要求。

创业者在开始市场调研之前，要明确调查的内容、目的和要求。并且要根据调查对象的不同，事先拟定需要了解的内容，定出调查的目标，然后有序地进行。

第二，对调研的问题进行筛选，确保调研结果的有效性。

在确定调查目标和对象后，通过对问题的整理分析，在保证准确、合理、科学的前提下，尽可能缩小调查的范围，集中调查精力，同时确保调查结果的有效性。

第三，实行行之有效的正式调查。

创业者在制订好调研计划后，要运用科学的方法，根据预定的目的，有系统地调查、搜集、记录、整理有关市场的信息、资料和情况。

第四，对调研的结果进行整理分析。

创业者在对市场的信息、资料和情况收集完成后，要进行编辑整理，检查调查资料的准确性。在整理资料时，要对错误的信息剔除掉，然后对资料进行分类整理统计，最后做出调研报告和可行性分析。

创业者在做市场调研时，还要选用正确的调研方法，市场调研的方法有多种，我认为主要的调研方法有以下四种。

第一，观察法。

这是进行市场调研的最基本的方法，创业者利用眼睛、耳朵等感官以直接观察的方式对调研对象进行考察并搜集资料。主要看目前市场上，有没有跟自己的创意相同或相似的产品。

第二，实验法。

就是创业者在做调研的时候，用实验的方式，在特定的环境条件下观察调查对象以获得相应的信息。主要观察自己的创意是否是市场需求的，是不是能解决人们的现实问题。

第三，访问法。

访问就是和人们聊天，这是市场调研中很重要的内容。和人们聊自己的想法，看看自己的产品是不是人们所需要的。访问的人数不能过少，至少要有30人，不能前5个人都说好，就认为可以了。只有多和人聊，才能得到有效的信息。

第四，问卷法。

创业者可以通过设计调查问卷的方式，获得所调查对象的信息。将调查内容设计成问卷，将调查对象的意见进行汇总，形成书面答案。在一般的市场调研中，问答卷应用得最广，在网络中市场调查运用得也较为普遍。

对创业者来说，刚开始的创意，只是一个想法、一个点子，到底这个想法和点子有没有可行性，能不能进行创业还是未知数。如果不经过市场调研验证创意的可行性，就开始盲目创业，那么这种创业失败的可能性很大。创业者对自己的创意做市场调研，虽然不能保证创业一定会成功，但是至少会大大降低因决策失误带来的风险。

做好客户定位与管理

随着我国市场经济的深入发展，客户的需求越来越多样化，市场分工也越来越细。因为不同性别、不同年龄段、不同兴趣爱好等，对产品的需求基本上不同。所以，针对不同的消费者，需要做好客户定位与管理。消费者的心灵是营销的终极战场，其中最重要的，就是产品定位与客户定位。

那么，什么是客户定位呢？客户定位是客户关系管理的一个重要研究内容。例如，对咨询顾问来说，客户定位包括确认和审查：谁是“真正”的客户、客户的产物和地位、客户的开放性程度、客户研究相关问题的意愿，以及客户雇请咨询顾问的经历等。

对企业来说，在产品的营销过程中，客户定位是最核心的内容。可以说，好的产品定位是企业的支柱，好的客户定位是产品营销的桥梁，能起到把握全局，统领核心的作用。所以，将客户正确分类，给客户一个精准的定位，是产品营销的重要前提。

2016年4月，真格基金、罗辑思维、光源资本和星图资本宣布对papi酱投资1200万元，占股12%；papi酱团队持股88%，估值1亿元。这一笔

1200万的投资瞬间在社会上引起了热议。

papi酱成功的原因是多方面的，但是有一条就是她精准的客户定位。作为网络红人，papi酱的受众有一定的针对性。papi酱把受众定位于80后90后的年轻人，因为这些人已经成为社会的主流。现在人人都有手机，人人都是媒体人，papi酱清楚地认识到这一点，所以就从社交媒体下手。

papi酱根据现在年轻人的特点制作节目，2015年下旬papi酱才开始出现，她以独白秀的形式，利用变音器发布原创短视频内容，通过对口型、方言恶搞、男女关系点评等，大讲时下热点。papi酱在不到半年的时间迅速蹿红，微博粉丝近千万，微信公众号阅读量分分钟破10万。

其实，每一种产品都有自己的消费群体，他们是产品的最终购买者。所以，只有对客户精准定位，对症下药，找到他们的共性和习性，才能做出令他们满意的产品。例如，“达芙妮”对客户的定位是一些收入不是很高，但是又追求时尚的女性。因此，“达芙妮”较平民化的价格满足了这些人的消费水平，时尚的外形又满足了她们的精神追求。

无论什么行业，它的产品如果想要在市场的激烈竞争中获得成功，赢得客户的青睐，要做的就是使自己的产品与众不同。要想与众不同就要做好产品定位和客户定位，让产品在未来潜在客户的心中确定一个合理的位置。对客户定位就是去把握他们心中原本的想法，去打开联想之结。那么，对创业者来说，如何做好客户定位呢？

一、需求决定你的客户

客户只有有需求的时候，才会去购买。那么，怎么判断客户有需求呢？这要在客户的消费历史和客户关注的焦点中找答案。如果客户曾经购买过你的竞争对手的产品或相应的替代品，那么基本可以判断客户对你的产品是有潜在需求的。在生活中，如果客户关注某一产品的性能、特点、评价，那么就可以断定客户对这种产品是有需求的。所以，营销人员可以从互联网相关的评价网上寻找有需求的客户。

二、从消费频率中选择你的客户

从客户的消费行为中可以看出，消费频率越高的客户价值越大。选择这样的客户，更容易完成交易。因为，经常购买一种产品的客户，说明他们对这个产品非常了解，也说明客户对这种产品有偏好，所以更容易成交。那么，如何才能了解客户的消费频率呢？一是从客户的消费历史中获取；二是做有奖调研；三是要多关注行业内的信息与数据。

三、在细分市场中寻找你的客户

现在的市场越来越细分，细分的好处是能让你聚焦在最容易产生效益的客户身上。同时，还能够让你避免竞争，在一个细分领域里能确保你有绝对的竞争力。细分市场中客户能认可你产品的风格与价值，这些客户就是你的精准客户。

四、提取客户特征方便管理

提取客户的特征有助于创业者清晰地知道谁是你最有价值的客户。创业者把客户的特征提取出来，能够方便后面更加精准地营销和对客户进行管理。如何提取客户的特征呢？就是做好对自己老客户特征的分析，如喜好和消费习惯等。

对创业者来说，从一开始创业就要围绕客户展开。没有客户，就没有营销；没有营销，企业就不能生存。所以，你为创业所做的所有努力目的都是满足客户的需求，提升客户的体验，留住客户的忠诚。要做到这三点，就要做好企业的客户定位和管理。

产品定位：需求≠需要

对企业来说，当产品投放市场以后，市场上虽然有需求，但是客户并一定要购买你家的产品。因为，如果市场有同类产品或相似的产品，那么客户的选择余地会非常大。一个企业的产品如果没有特色，市场上又有替代品，那么产品销售起来是非常困难的。那么，如何解决这个问题呢？很重要的一点就是要做好产品定位。

为什么要做产品定位呢？因为现在市场上的产品同质化比较严重，一般客户根本分清哪个产品是哪个产品。所以，在同质化环境下要想企业的产品脱颖而出，必须要做好产品定位。做产品定位的好处是：一确定本企业产品特色，和竞争者区别开来；二针对本企业产品特色，有机地进行市场营销组合；三发挥企业产品及其他资源优势。

简单地说，产品定位的目的就是让客户记住你的产品。企业在推出一款产品前，就要事先找准产品的定位，如果定位不准，后期投入再多也是浪费。如果产品定位做得好，客户则很容易记住你的产品。下面以脑白金为例，看看它的产品定位。

“今年过节不收礼，收礼还收脑白金。”这句广告词相信很多中国人都非常熟悉，因为脑白金十来年一直用这句广告词，从未变过，可以说是广告界的奇葩现象。可能有人觉得这只不过是很普通的一句话，并且广告内容也很恶俗。但是不管怎么说，它让人们记住了脑白金这个产品。

从这一点上来说，这个产品定位是非常成功的，它让人们记住了它，不但是记住了，而且是彻彻底底地记住了。一个产品能让人们记住，就大大增加了人们使用、购买它的可能性。我们知道，脑白金只不过是一种保健品，它的客户定位是50岁以上的人群。

保健品的特性就是，人们在日常生活中可以吃这个用来保养身体。不像药，药只有人们生病的时候才会吃的，而保健品则不是，人们可以吃也可以不吃。这个特性就决定了人们大多数时候买这个产品是用来送礼的，根据中国人的习俗，人们会在逢年过节的时候买些礼品走亲访友。

在这种情况下，产品的客户人群就很容易定位了，并且过节送礼的场景也出来了。一句看似简单的广告词“今年过节不收礼，收礼还收脑白金”就出来了，即把脑白金定位在了过节送礼上。这句广告词经过十来年的反反复复的播放，使人们一到过节的时候就想到了脑白金。这就是把产品和生活中的场景联系起来，使人们在经历这个场景时，不由自主地就想到了这个产品。

市场上的保健品有很多种，然而脑白金自1997年上市以来，已经在中国畅销了十几年，并且销量一直遥遥领先。好的产品定位是一个产品的灵魂，它能让客户更好地认识产品和分辨产品。例如，大众点评和美团，虽然它们都是做团购服务的，但是客户是能把它们区分开来的。大众点评看的是评论，通过内容去引导用户消费；而美团是直接做团购的，客户想团购的时候就直接上美团。它们的产品定位都很成功。

如果产品的定位不够准确，那么对产品是有很大影响的。例如，百度、

360公司、搜狗都是做搜索的网站，后面两家的市场占有份额加起来，还没有第一家的多。之所以造成今天的局面，抛开技术层面不谈，产品定位也是一方面的原因。

他们的产品定位分别是：百度：百度一下，你就知道。360公司：360搜索，SO靠谱。搜狗：搜狗搜索，上网从搜狗开始。从他们的产品定位上，人们的感觉是，百度明确地告诉客户，你想获取的信息，只要你百度一下，就全知道了。现在很多人在搜索的时候，都说“百度一下”，人们已经给搜索贴上了百度的标签，百度成了搜索的代名词。而360公司的广告有点偏离搜索本质，人们搜索是为了获得信息，而信息的真伪也不是一般人能辨别的，靠不靠谱人们不会过度去追究。而搜狗呢，没有清楚地表达搜索的特性，客户不能明确地知道从这个网站上能获得什么。

可见，在产品同质化很严重时，只有向客户清晰地表述自己的产品定位，才能让客户在心里记住你的产品，才能让你的产品在市场中有竞争力。那么，对创业者来说，如何给自己的产品定位呢？我认为下面五个步骤值得参考。

一、目标市场定位

目标市场定位是指在市场细分与目标市场选择的过程中，清楚地知道你的客户是谁。现在市场越来越细分，一个企业的产品不可能对准所有人。做目标定位有三种方法：一是无视差异，对整个市场仅提供一种产品；二是重视差异，为每一个细分的子市场提供不同的产品；三是仅选择一个细分后的子市场，提供相应的产品。

二、产品需求定位

产品需求定位就是要了解需求的过程，看产品能满足客户的什么需要。

三、产品测试定位

产品测试定位就是对企业进行产品创意或产品测试，目的是检验产品能否满足客户的需求，如果不能满足客户需求，就要做出及时改进。

四、差异化价值点定位

差异化价值点定位就是需要解决目标客户需要、企业提供产品以及竞争各方的特点的问题。但是，提炼的这些独特点也要与其他营销属性相综合，从而对产品进行相应的差异化品牌形象定位与推广。

五、营销组合定位

营销组合定位是指如何满足客户需要，这是进行营销组合定位的过程。是在满足目标客户的需求与企业提供产品之后，需要设计一个营销组合方案并实施这个方案，使定位到位。营销组合定位的好处就是，市场上出现你的产品被模仿的时候，你可以通过营销差异化来定位，这种定位不像模仿产品那么容易。所以，对企业来说，只做产品定位是不够的，还必须要做好整个营销定位。被誉为“现代营销学之父”的菲利普·科特勒说过，解决定位问题，能帮助企业解决营销组合问题。

对企业来说，精准的产品定位比埋头苦干更重要。如果能准确抓住客户的需求点，做出精准的产品定位，那么产品就会在市场上有很好的销路。

产品价值：需要≠购买

我国经过三十多年的经济发展，绝大多数的人们已经告别贫穷，手里有钱了。所以，对产品的需求已不像以前那样，现在人们购买产品更看重产品的价值。在生活中，人们在需要一个产品的时候，如果这个产品在价值方面满足不了他们的需求，人们依然不会购买。因为，现在是供大于求的时代，市场上的商品琳琅满目，有很多可替代的产品。

那么，什么是产品价值呢？产品价值是由产品的功能、特性、品质、品种与式样等所产生的价值。它是顾客需要的中心内容，也是顾客选购产品的首要因素，因而在一般情况下，它是决定顾客购买总价值大小的关键和主要因素。

由于产品过剩，由于市场竞争，由于产品的同质化速度越来越高，对企业来说，你产品的价值越大，在市场上越有竞争力。很多时候，客户购买产品的时候，不是为产品本身，而是为产品的价值。

曾看到过这样一个故事，有一个售楼小姐，她手上有一座位于郊区的房子，因为这座房子离市区较远，一直无人问津。

就这样过了两三年，房子由于长时间没有人维护出现了不少问题。突然有一天，有一对老夫妇给这位售楼小姐打电话，说想去看看这座房子。当售楼小姐带着这对老夫妇看房子的时候，无意间听到那个老妇人给老大爷说池塘边有一棵樱桃树，聪明的售楼小姐利用了这个信息。

由于房子长时间没有人管理和维护，出现了不少问题。他们来到大厅的时候，能闻到一股霉味。这对老夫妇马上脸上露出了不高兴的神情，售楼小姐觉察到了这个变化，就说房子由于年久失修是有一点味道，但是它的优点就是，站在大厅里能看到池塘边那棵美丽的樱桃树。这时候这对老夫妇就没说什么。当他们来到阳台的时候，看到水管生锈，墙壁发霉，老夫妇又很不高兴。售楼小姐又忙说，房子是有问题，但是稍微装修一下就好了。接着她又说道，站在这个阳台上什么时候都能看到那棵美丽的樱桃树。

在看房子的过程中，每当老夫妇对房子提出问题的时候，售楼小姐总是提到那棵美丽的樱桃树，并说那棵樱桃树是送给你们的。看完房子，老夫妇决定购买这座房子。

从这个故事中我们可以看出，这对老夫妇购买这座房子，不是看中了房子的装修，也不是看中了房子的结构，他们看中的是房子门前池塘边那棵美丽的樱桃树，可以说，樱桃树就是他们看中的产品价值。所以，客户在购买产品的时候，最关注的产品价值点就是客户心目中对产品最认可的点，这个点就是产品在客户心目中的闪光点。

产品价值是由客户需要来决定的，例如购买宝马车的人有时候不在乎车子本身跑得多快，能开多久，他们购买的是宝马车的价值，即开宝马的感觉和开宝马的那种身份象征。买奔驰的人也是一样，他们选择的是一种尊贵的身份。产品蕴含的价值高，就算价格高一些，也会有人购买，这就是价值的威力，而不是价格。那么对企业来说，如何塑造产品的价值呢？以下五个方面是值得参考的。

一、用环境和氛围提升产品价值

举个例子，同样一杯咖啡，在口感、原料、杯子大小都一样的情况下，在路边店买和在星巴克买价格会相差很多。这是因为，在星巴克买咖啡只是你消费的一部分，你消费的还有它的环境和氛围。如星巴克的文化氛围、咖啡厅的环境，甚至包括你要为你听到的每一首音乐埋单。所以，星巴克的咖啡是很贵的，环境和氛围提升了产品的价值。

二、对产品的价值进行量化

对产品的价值进行量化，能使客户更好地感觉产品的价值，从而进一步相信你的产品。俗话说“空口无凭”，要用数据来表述产品的价值。对产品价值的量化，要从产品的实际价值和客户的心理价值两个方面进行。比如，你告诉客户产品能给他们增加收入或减少支出成本，这就是产品带给客户的实际价值。客户的心理价值是客户心里对拥有产品的满足，这是一种感觉。要让客户感觉到你的产品是能满足他们的欲望、实现他们的梦想的东西。

三、让材料和工艺来体现产品的价值

大家都知道劳斯莱斯汽车很贵，这是什么原因呢？一是它限量生产，一年只生产几千辆，这也体现出“物以稀为贵”的道理。二是它是纯手工打造的，厂家会告诉你，它的发动机是完全用手工制造的。厂家还会告诉客户，完成一台散热器要多长时间，制作一个方向盘要多长时间，安装一台发动机要多长时间，等等。这一切就是告诉客户，我们生产这辆车用的材料是最好的，是经过人工长时间精心打造的，目的是显现出其产品价值。还有一个成功的案例就是“乐百氏”的“二十七层”净化营销方案，它告诉人们他们生产纯净水的工艺。

四、根据产品的稀有性定位

同一样东西放在不同地方它的价值是不一样的，例如一瓶水，放在长江边和放在沙漠里，它的价值存在天壤之别。所以，市场上产品同质化的今天，要想产品具有稀缺性，要做好两个方面，一是开发新市场，二是开发出产品不同的功能。

五、打造品牌和培养粉丝

品牌是客户对产品的一种情感认同，现在消费者越来越重视品牌。企业只有把产品打造成品牌，才能吸引更多消费者的认同，即使不花很多的广告费，也能起到很好的宣传效果。培养粉丝就是通过客户对产品的不断认知和了解，让客户对产品产生感情和依赖。

客户购买产品，不是购买产品本身，而是购买它的好处，就是它能解决人们某一方面的问题。所以，企业要不断开发产品价值，为客户创造更大的价值。

产品卖点：给客户更高价格的理由

为什么你的产品卖不上高价？为什么你的产品在市场上没有竞争对手的产品卖得好？就是因为你的产品卖点不好或者没有独特的卖点，现在市场上外形相似、功能相似的产品很多。

什么是产品的卖点呢？简单地说，产品的卖点就是你的产品用什么方法吸引客户，换句话说，客户是因为你产品的某个特点和功能才购买你的产品的。对创业者来说，如何提炼产品的卖点？如何把产品的卖点做到极致？那就要从差异化方面来做文章，从产品差异化方面来提炼产品的卖点，要做好以下几个方面。

一、原材料的差异化

就是从制作产品的原材料着手，说明只有好的原材料才能做出好的产品。从原材料差异提炼卖点方面，依云矿泉水和哈根达斯冰激凌做得很成功。

依云矿泉水可以说是世界上最昂贵的矿泉水之一，它以超过普通瓶装水10倍的价格来销售。为什么它的价格这么高呢？就是因为它从原材料差异方面，提出了一个很吸引人的卖点。依云矿泉水宣传的是，它的每一滴水都来自阿尔卑斯山头的千年积雪，然后经过15年缓慢渗透，由天然过滤和冰川砂层的矿化而最终形成。然后，它又讲了一个传奇故事，就是患病的侯爵就是喝了这种水，疾病被成功治愈。这就使得依云矿泉水成为纯净、生命和典雅的象征。即使它卖如此高的价格，而为它埋单的仍大有人在。自1789年依云水源地被发现以来，依云天然矿泉水已远销全球140个国家和地区。

而哈根达斯则宣传自己做冰激凌的原材料都是来自世界各地的顶级产品，例如香草来自马达加斯加，用它来代表无心的思念和爱慕；纯正香浓的巧克力来自比利时，用它来象征热恋中的甜蜜力量；红色草莓来自波兰，用这代表嫉妒与考验；咖啡来自巴西，用它来形容幽默与宠爱，并且宣称这些都是100%的纯天然原料。哈根达斯1996年进入中国，它的“爱我，就请我吃哈根达斯”这句广告词，迅速席卷各大城市。哈根达斯一时间成为城市小资们的时尚食品，而它的价钱也是高得惊人，最便宜的一小桶也要30多元，贵一点的冰淇淋蛋糕要400多元。

二、产品设计差异化

企业在设计产品过程中，要对产品的核心价值进行挖掘和提炼，可以说这些核心价值点就是打动客户的卖点。大家都知道，苹果手机卖得很贵，新产品刚出来的时候，简直供不应求，甚至要提前预订。苹果手机为什么价格这么高，还卖得这么好呢？它的产品在设计方面的差异化是一个重要原因。其实，苹果公司的产品以设计见长，它的每一款产品，都能让人耳目一新，产品冲击着客户的心理防线，使苹果品牌也成了时尚与品位的象征。

三、产品制作工艺差异化

上一节我们提到劳斯莱斯卖得那么贵，一个重要原因就是它的制作工艺，它是纯手工打造的。它一直秉承了英国传统的造车艺术：精练、恒久、巨细无遗。所以，劳斯莱斯是顶级汽车的杰出代表，以豪华而享誉全球。

而真功夫快餐也在制作工艺上形成了与洋快餐的差异化，因而发展起来。真功夫快餐主打传统烹饪中“蒸”的工艺，并研制出“电脑程控蒸汽柜”，改变了洋快餐的“烤、炸”工艺。

四、渠道差异化

戴尔电脑的理念是：按照客户要求制造计算机，并向客户直接发货。在销售上，戴尔采用的是直销模式，这样就消除了中间商，减少了不必要的成本和时间，并能让戴尔公司更好地理解客户的需要。客户在下单5分钟后会收到订单确认，不超过36小时，电脑被从生产线运上卡车，通过快递网络送往顾客指定的地点。戴尔的这种直销模式，让它在电脑市场上有很强的竞争力。

五、产品功能差异化

消费者购买商品是希望该商品具有他们所期望的功能，只要企业的产品能满足客户某一方面的需求，那么就有可能在市场竞争中胜出。

市场上饮料品种有很多，而王老吉打出了“预防上火”和“降火”这张牌。这种预防上火的饮料，符合市场需求，所以很快畅销全国。王老吉凸显其产品功能，强调与其他饮料的差异化，这样就有了竞争优势。

六、服务差异化

在服务差异化方面，海底捞做得很成功。有网友说他一次在海底捞吃完饭，要赶火车却都打不到出租车。而海底捞的店长把自己的SUV开出来，送他去了火车站。还有网友说，他被蚊子咬了很多包，在海底捞吃饭的时候，服务员居然跑到马路对面买了风油精送给他，他说海底捞的服务无敌了！网上像这样的故事有很多，说明海底捞的服务确实不一般。

海底捞让每个顾客从进门到离开，都能够真切体会到“五星级”的细节服务，由于服务的差异化给海底捞带来了丰厚的回报。

七、形象差异化

形象的差异化可以满足客户一些精神方面的需求，为客户创造附加的心理价值，还能建立产品与客户之间牢固和密切的情感联系。

美国的哈雷摩托车的售价大多超过两万美元，比普通的轿车还要贵。虽然价钱高，但是哈雷迷们依然无怨无悔。这是因为，哈雷摩托车的那种张扬的外形、轰鸣的声音代表了一种激情、冒险、挑战传统的精神。很多年轻人也借哈雷来表达自己对自由、梦想、激情、爱国等种种情感。

对产品进行差异化定位，还要考虑到这种差异化能不能为客户创造价值，从而成为客户购买的卖点。对企业来说，产品能不能卖得好，提炼产品的卖点很重要。所以，创业者要想法为产品提炼出一个让客户心动的卖点，这样才能使自己的产品在市场上有竞争力。

产品定价的5个关键技巧

对创业者来说，初创公司的新产品定价很重要。因为在市场经济条件下，新产品定价不仅关系到新产品的市场占有率，更涉及企业在市场竞争中的地位和影响力，甚至会影响企业的生存与长远发展。

管理大师西蒙曾说过：一个现代的农夫，如果用拖拉机去耕地、施肥，最后却用镰刀来收割的话，那真是得不偿失的事情。而现在很多企业，就正如同农夫那样，浪费了很多时间和精力，却不能得到最大化的收益。简单地说，就是一家企业，在前期对产品的研发和生产中投入很大，但是在产品生产出来后的销售中，收入却很低。这是什么原因呢？一个原因就是企业对其产品的定价可能出了问题。产品定价的好坏直接关系到产品的销售，在产品的定价上有这样一个有趣的故事。

在深圳有一家珠宝店，地理位置很好，在风景区的周围，游客很多，一直以来珠宝店的生意都比较稳定。

有一次，珠宝店的老板进了一批货，这批货的样式别致、大胆，老板对这批货很满意。老板认为这批货可能会比较好销，因此他在进价的基础上，再加上其他相关的费用和平均水平的利润，定了一个价格，觉得这个价格应该十分合理，肯定能让顾客觉得物超所值。

但是，这批珠宝在店中摆了一个月，销售状况很不好，老板很失望。他认为问题的原因没出在产品身上，而出在营销方面。于是，老板就尝试用别的营销方法。然而，新的营销方法也没有效果。就在这个时候，老板要外出进货，因为对这批珠宝的销售很失望，为了减少库存，他就决定将此珠宝降价一半出售。

这位老板走得很匆忙，只给店长留了一张纸条，告诉店长要调整那些珠宝的价格，所有的价格都乘$\frac{1}{2}$。当这位老板回来的时候，他惊喜地发现所有的珠宝已销售一空。老板说这批珠宝不符合顾客的胃口，下次进货要慎重。这时店长告诉他，不知道为什么对滞销的商品提价后，商品的出售速度很快。老板不解地说，我留字条上说的是让价格减半啊。店长很吃惊地说，我还认为是让所有商品价格一律按双倍计。结果，店长不是将价格减半，而是增加了一倍。

这个故事很有趣，它说明了定价影响产品的销售。有人说过定价策略是“最痛苦、最危险”的策略，因为有的新产品靠定价低而获得市场份额，有的定价过高却可能导致新产品失败。所以，新产品在定价前要做大量的市场调研，调研客户心理预期、竞争对手的定价策略和自身品牌能力，更需要公司决策者具备相当的营销智慧与决断能力。

我国企业在新产品定价方面还存在问题。一是没有对市场因素进行系统性分析，冲动定价；二是企业的决策者没有把定价当作战略问题对待，定价随意；三是一些企业仍然采用已经过时的成本加成定价法，定价方法比较单一。那么，对创业者来说，怎么给自己的新产品定价呢？我认为，在产品定价方面有五个关键技巧。

一、撇脂定价

对初创公司来说，如果开发出的产品还没有市场，是进入市场的新产品，那么就可以采用撇脂定价法，来获得前期的高额利润。

这种定价法的技巧在于，作为市场上没有的新产品，以较高的价格出售，能获得初期的巨额利润。然而，这种定价方法不能持久，因为在巨额利润的诱惑下，市场上很快就会出现竞争者。所以，只能作为一种短期的定价策略，适用于那些没有竞争对手、容易开辟市场的新产品。例如，苹果手机就采用这种定价策略，它以最先开发出智能机的优势，以高价进入中国市场，获得了前期的巨额利润。

二、渗透定价

就是把产品以较低的价格投入市场，达到迅速占领市场的目的。渗透定位以牺牲利润来提高市场占有率、扩大市场规模，使之产生规模效应，进而降低成本。

这种定价方法的缺点是在试销初期利润有所牺牲，但微利阻止了竞争者的进入，增强了自身的市场竞争力。有利于企业在市场上建立长期的领先地位，能持久地给企业带来日益增长的经济效益，是一种长远的定价策略。例如，小米手机、格兰仕电器就是以这种定价方法进入市场的。

三、细分市场差别定价

差别定价就是指对同一产品针对不同的顾客、不同的市场制定不同价格的策略。这种定价方法需要具备两个基本条件：一是产品有两个或两个以上的市场：二是不同市场的价格弹性不同，采用不同的价格以取得最大的利润。它的主要分类有：以顾客为基础的差别定价策略、以产品为基础的差别定价策略、以产品部位为基础的差别定价策略和以销售时间为基础的差别定价策略。

四、满意定价

满意定价就是将产品的价格定在一个比较合理的水平，使顾客比较满意，企业又能获得适当利润。这种定价方法使用比较普遍，并且简单易行。它兼顾生产者、中间商、消费者等多方面的利益，因而广受欢迎。但是，这种定价方法的缺点是过于关注多方利益，反而缺乏开拓市场的勇气，仅适用于产销较为稳定的产品，而不适应需求多变、竞争激烈的市场环境。

五、整数定价

整数定价适用于高档商品、耐用商品等，给顾客一种“一分钱一分货”的感觉，用以树立商品的形象。例如，有一个汽车制造商，制造出一种豪华汽车，定价为100万美元，来满足富裕人群显示其身份、地位的心理需求。

对创业者来说，企业开发的新产品在什么时候启动定价，什么时候做最后决定呢？其实，新产品的定价在开发的计划阶段就应该启动了，开发团队应事先确定产品的预估价格，为企业管理者提供决策依据。

品牌化，是最长久且稳妥的战略

美国广告研究专家莱利·莱特有一句名言：“拥有市场将会比拥有工厂更重要，拥有市场的唯一办法是拥有占市场主导地位的品牌。”如今，企业已经进入了品牌制胜的时代，以品牌为核心已成为企业重组和资源重新配置的重要机制。所以，品牌化战略在促进企业发展和在市场竞争中尤其重要。

针对如何做好品牌，在中国企业界有一个误解，那就是做品牌需要花很多钱，也就是说，打造品牌是一件极费钱的事。虽然有企业通过花费大量的金钱做广告，从而成功打造品牌的案例，但是这都是传统创建品牌的套路。现在这种模式仍然有很多企业在使用，然而星巴克走的是另一条路。

正如星巴克的董事长曾说过：“星巴克的成功证明了一个耗资数百万美元的广告不是创立一个全国性品牌的先决条件，这就意味着一家企业即使拥有充足的财力也不一定就能创造名牌产品。你可以循序渐进，一次一位顾客，一次一家商店或一次一个市场地来做。实际上这也许是在顾客中建立信任的最好方法。通过这种直接对话的方式，再加上你的耐心和经验，用不了多久，你就会将一个地方性品牌提升为一个全国性的品牌。”现在，让我们看一下，星巴克是如何创建品牌的。

1987年8月，舒尔茨筹集380万美元风险资本买下了星巴克创始合伙人的全部股份，并将合并后的公司更名为星巴克公司，自己出任董事长。

在星巴克创建初期是拿不出钱来做广告的，为了创建自己的品牌，舒尔茨采用了这样的方式，那就是好好照顾自己的顾客。舒尔茨说：“这种方式比传统方式更加古老。就像一个古老的商人，你需要如何照顾？一次一位顾客。”

星巴克对自己顾客群体有一个准确的定位，他的顾客最多的是二三十岁的年轻人，所以星巴克都选址在人流多的地方，特别是商场或写字楼附近。而且星巴克卖的咖啡采取现场研磨、现场调制的方式。星巴克卖的不完全是咖啡，而且还是一种文化。为体现品牌定位，星巴克店铺进行了专门的设计，店内独特的环境布置和装饰、器具、音乐、优雅的氛围等，让顾客能体会到深刻的品牌内涵。消费者一旦认可之后，就会向自己的家人、同事和朋友推荐和宣传，这使得星巴克的影响迅速扩大。

星巴克创建品牌的重要手段在于服务，重在员工与顾客之间的对话交流和感情互动，这种方式取得了良好的效果。星巴克没有采取传统意义上的广告营销，而采用口碑营销。口碑就是最好的广告，为实现这种口碑效应，就要服务好每一位顾客。星巴克提出的口号是：煮好每一杯咖啡，把握好每一个细节。这种做法虽然是见效慢，但是花费成本小，延续时间长。事实上，正是这种点对点传播的做法使星巴克成为当今世界餐饮行业的著名品牌。

现在，星巴克已经成为不仅在美国，甚至在全世界都是很有名的品牌。星巴克成功的秘诀在于品牌战略、准确定位和独特品质。它通过三个方面营造自己的品牌，那就是产品、服务和体验。

品牌化战略对树立企业良好形象，促进产品销售，提高企业经济效益等具有举足轻重的作用。走品牌化道路已经得到了越来越多企业管理人的重视，但对创业者来说对创建品牌仍存在一些误区。

一是创业者认为自己是初创企业做不了品牌。其实，初创企业更需要品牌，因为刚开始创业各方面的资源都比较弱，这就需要消费者对自己品牌具有较强的信任度，使自己的产品在竞争激烈的市场中占有一席之地。

二是创业者认为花钱做广告就是做品牌。做广告无疑能提高产品的知名度，但对初创企业来说，产品的质量和服务才是最重要的，它能形成口碑，口碑是最好的广告。

三是创业者对产品核心技术与品牌的关系弄不清。核心技术只能让产品具备独特优势，并不等于自然会树立品牌。

四是创业者认为自己的产品名称和商标就是品牌。有了产品名称和商标，不等于产品就能让消费者接受和信任。

那么，创业者如何创建和营造自己产品的品牌呢？我认为以下四个方面值得参考。

（1）创业者要强化品牌意识。创业者要认识到品牌是企业的无形资产，它能给企业带来附加利益，并且对企业的发展壮大有战略性意义。在企业初创时期，不但自己要强化品牌意识和观念，还要对团队、员工传输品牌观念，以此来强化品牌意识。

（2）要制定科学、全面、合理的品牌战略规划。创业者要把品牌战略当成企业文化的重要组成部分，因为这涉及员工观念及技能的培养、企业核心竞争力的培育、产品质量标准、技术开发与创新等方面。再就是，品牌战略不是局部的或单一产品质量的提高，而是一项中长期的系统工程。

（3）要做好产品的市场定位。产品定位做好了，就能给消费者树立一个明确的、区别于竞争对手的形象。只有产品定位做好了，才能有针对性地开展营销。在产品的定位上，要把握时机，发挥自身优势。

（4）提炼并升华品牌的核心价值。要知道品牌核心价值是品牌的灵魂、精髓，但是对品牌核心价值的提炼是一个逐步的过程，不能操之过急。这需要充分调研市场环境、行业特性、目标消费群体、同行业竞争对象、企业自身综合现状等诸多因素，然后在此基础上，提炼差异化，明确品牌的核心价值。

对创业者来说，如果要想企业发展壮大，一定要走品牌化道路。但是创建品牌不是短时间就能做好的，它是一个长期的、深思熟虑的过程。只有把创建品牌，放在企业战略发展的高度，优化整合品牌资源，给自己的品牌进行正确的定位，并把品牌战略融入企业日常的生产经营活动中去，才能创造出知名的品牌。

第八章

炼经营：经营无小事，细节决定成败

企业的成败在于经营，在于创业者的经营理念。如何经营好公司，是创业者必须经常思考的问题。创业不易，经营更难。对创业者来说，经营企业无小事，细节决定成败。所以，在企业经营上，任何事情都要考虑周到。经营企业需要的财务知识、税务知识、法务知识，创业者都要懂，这些方面一旦出现问题，小者给企业带来损失，大者会让企业遭到灭顶之灾。

成立公司，没你想的那么简单

如今，在“大众创业、万众创新”的大背景下，对创业者来说，迎来了最好的创业时代。但是，这也是一个需要冷静的时代，因为成立公司，没有你想象中的那么简单。可能有的创业者自认为自己的创业项目不错，成立公司后就能做起来。

其实，创业没有那么简单，一个创业者要成功，首先就要考虑自己的项目有没有足够大的市场；其次，要把项目原型做出来，而不是拿着项目和想法到处找融资。所以，创业者在创业前一定要把产品、技术、用户体验和是否有赚钱前景等问题想清楚、想全面。否则，创业极容易失败。

曾经有一个创业青年，他看到线上的母婴产品同质化严重，线下实体店受电商冲击经营惨淡，但是像宝宝洗澡、早教、游乐园还是需要到实体店消费的。他认为，传统实体店还是有市场的，因为来的人多了，总会有人买东西。同时，他也认为线上的产品不但同质化严重，而且价格也参差不齐，服务也不能保障。

这位青年就判断线上与线下结合是必然趋势，并且认为这个模式有很大机会做大做强。于是，他在筹备了半年后开始创业了。他一边通过线上渠道做广告，一边在线下和商家合作推广。但是很快就出现了问题，一是传统广告费钱，回报率又低；二是热卖产品供应商不给他供货；三是实体母婴店更愿意与大网站合作；四是他的网站用户体验不好。

针对以上问题，这位青年采取了对策：一是在广告投放上尝试精准投放；二是减少推荐产品；三是对实体母婴店的分层方式做了调整。做了这些调整以后，虽然有了起色，但是钱快没有了。由于融不到资，很快资金链断裂，连工资都发不出去，团队也随之解散。从创业到失败，只有半年多时间。

后来，该青年对自己的失败也进行了总结，他认为自己网站的模板设计、视觉体验、操作体验、产品展示、网址等都是不合格的。对创业者来说，做产品要注重细节，如果把自己的产品做得粗制滥造，就是再好的项目也做不成功。

创业者一旦成立公司，就意味着创业的开始，在企业盈利之前，你必须支付包括员工工资在内的所有相关费用。投入的资金是有限的，创业之后你要想法让你的企业通过运转获得盈利来维持生计。同时，你也要做好失败的思想准备，因为创业失败的概率很大，几乎所有成功的企业家，都有失败的经历。不要一创业就幻想着有投资者给你投资，因为现实生活中有成千上万的企业没有得到任何机构的投资。

现在的投资者不会仅凭你的一个创意就给你投资的。虽然说创意是创业的前提，但是接下来的很多问题，都需要你去思考。例如，如何筹集创业资金？如何生产产品？如何销售？如果创业失败了怎么办？等等。创立并不是一注册就行了，它还需要做很多工作，是一个艰难的过程。既然成立公司不容易，创业者应该如何做呢？我认为，要做好以下六个方面。

（1）需要创业者有独到的眼光，因为只有这样，才能最大限度地减少失败的风险。

（2）需要有志同道合的创业合伙人。要知道，一个人的力量是有限的，组成团队才有力量。没有成功的个人，只有成功的团队。

（3）要有很好的沟通能力。因为创业不是一个人在奋斗，创业者需要充分调动投资人、合作伙伴等外部资源，这都需要创业具备良好的沟通能力。可以说，不会良好沟通的创业者不是一个好的创业者。

（4）要有比较好的人脉关系。人脉与机遇呈正比，丰富的人脉能为你带来更多成功的机遇。《科学投资》认为，人际交往能力应列在创业者素质的第一位。

（5）创业要讲究方法。创业者要用方法论来武装自己，这样才有可能降低创业中可能出现的失败。创业方法论包括两点：一是并非只要努力就可以做到，积累是非常重要的；第二，当你有想法的时候，最好先将它变成一个最小化的产品模型，进行实验。

（6）创业就要付出，世间万物有得必有失，想要创业成功，必须做好牺牲舒适生活的准备。

对创业者来说，创业、成立公司似乎越来越简单。其实，具体到实践中每走一步都不简单。成立公司要办营业执照、税务登记证，进行企业资质证明、团队建设、员工培训等事情，没有一件事情是简单的。就是公司成立后，公司的运营、管理等问题也是创业者时刻需要面对的。所以，成立公司，没有你想得那么简单，只有一步一步踏实做好，创业才可能成功。

KPI（企业关键绩效指标）是必需的，但也有陷阱

曾经由于百度的一些事引发了关于KPI的讨论。有的网友高呼KPI是万恶的，KPI是落伍于这个时代的；也有很多网友说KPI限制了员工的积极性，也造成了业务扭曲，应该取消。

很多讨论都在对KPI进行讨伐，难道KPI真的不适用于公司管理吗？在我看来未必是这样的。就目前来说，KPI仍然是约束不积极员工，促进团队前进的重要工具。在管理学中从泰勒的标准化科学管理到德鲁克的现代组织管理，都认为绝大部分人在没有KPI指标的时候，并不能在工作中充分发挥自主性和积极性。

那么，什么是KPI呢？KPI是英文Key Performance Indicator的缩写，意思是企业关键绩效指标。它是通过对组织内部流程的输入端、输出端的关键参数进行设置、取样、计算、分析，衡量流程绩效的一种目标式量化管理指标，是把企业的战略目标分解为可操作的工作目标的工具，是企业绩效管理的基础。

KPI的理论基础是二八原理。这是由意大利经济学家帕累托提出的一个经济学原理，即一个企业在价值创造过程中，每个部门和每一位员工的80%的工作任务是由20%的关键行为完成的，抓住20%的关键，就抓住了主体。

二八原理为绩效考核指明了方向，即考核工作的主要精力要放在关键的结果和关键的过程上。绩效考核曾在英国制度建设上起到过积极作用。

在18世纪末期，英国政府决定把罪犯发配到澳大利亚，一些私人船主承包了运送犯人的工作。开始，英国政府以上船的犯人数支付给船主费用。

船主为了牟取暴利，尽可能多地装人。一旦船只离开了岸，船主按人数拿到了政府的钱，对这些犯人的死活就不管不问了。有的船主为了降低成本，甚至故意断水断食。后来，英国政府发现：运往澳大利亚的犯人在船上的死亡率达12%，其中最严重的一艘船上424个犯人死了158个，死亡率高达37%。英国政府花费了大笔资金，却没能达到大批移民的目的。

为了解决犯人死亡的问题，政府也想了很多办法。给每艘船上配备医生和一名政府官员监督。但是这仍然不能解决问题，甚至有的船上的监督官员和医生竟然也不明不白地死了。原来一些船主贪图暴利，贿赂官员，如果官员不同流合污就被扔到大海里喂鱼了。英国政府又把船主召集起来进行人道主义教育，但是依然不能解决问题。

后来，英国政府改变了做法，政府以到澳大利亚上岸的人数为准计算报酬，不论你在英国上船时装多少人，到了澳大利亚上岸的时候再清点人数才支付报酬。这个办法实施之后，船上的死亡率降到了1%以下。有些运载几百人的船只经过几个月的航行竟然没有一个人死亡。这是因为船主主动请医生跟船，在船上准备药品，改善生活，尽可能地让每一个上船的人都能活着到达澳大利亚，多一个人就意味着多一份收入。

从这个故事我们可以看出，绩效考核的导向作用很重要。对企业来说，企业的绩效考核导向决定了员工的行为方式。但是，在绩效考核中，如果企业认为绩效考核是惩罚员工的工具，那么员工的行为就可能会因避免犯错，而忽视创造性。忽视创造性的结果是，企业无法实现战略性增长，那么企业的目标也无法完成。

在企业的管理中，KPI的积极作用不容否定，但是KPI也容易形成陷阱，下面的故事，就是对KPI使用不当，造成了不好的后果。

美国纽约曾做过这样的统计，即对每个医生做心脏搭桥手术的死亡率进行持续统计，并把结果公开出来，在患者选择医生时作为参考。目的是要提高医生的医术和服务质量，这个想法很好，看起来也很合理。

但是这个政策实行之后，患者死亡率上升。这是怎么回事呢？因为医生在治病时即使再尽力，由于手术的高风险性，也难免会出现患者死亡的情况。很多医生为了降低自己手术的死亡率，拒绝为那些严重患者动手术，从而加剧了他们的死亡。

所以，一项制度使用的地方不同，造成的结果是不一样的，有时候它可以救人，有时候它也能害人。那么，对企业者来说，如何避免KPI在设定中的陷阱呢？我认为要做好以下三个方面。

第一，设定KPI的人要真正懂业务。如果设定KPI的人不懂业务，那么他设定出来的KPI不但不切实际，而且可能影响员工的积极性。所以，一个好的KPI必须要按照业务逻辑来，每个数字指标的背后，都要有完整的逻辑去支撑，而不是头脑一时发热想出来的。

第二，对实现KPI的过程，要有过程监督和控制。

第三，设定的KPI一定要让团队之间分工明确，但利益又是相互捆绑的。这样就能防止因小团体的利益，而损害整个团队的利益。

现金流：企业经营的命脉

对企业来说，现金流就像是企业的血液，它贯穿于整个企业的运转中。销售、生产、仓储、采购等职能部门都有资金流入或流出，如果其中任何一个环节出现资金链断裂，都会影响现金流的操作，给企业带来危险，甚至可能导致企业倒闭。

那么，什么是现金流呢？现金流一般称为现金流量，它是现代理财学中的一个重要概念，是指企业在一定会计期间按照现金收付实现制，通过一定经济活动（包括经营活动、投资活动、筹资活动和非经常性项目）而产生的现金流入、现金流出及其总量情况的总称，即企业一定时期的现金和现金等价物的流入和流出的数量。这里的“现金”是指广义的现金，它不仅包括企业的库存现金，还包括企业的银行存款及银行汇票存款等其他各种货币资金，但在企业中存在一些期限较长的定期存款，因其不能随意支取，变现能力又受限，则不能作为现金流量表中的现金。

成功的企业家都重视企业的现金流，李嘉诚就是其中之一。李嘉诚说过：“现金流、公司负债的百分比是我一贯最注重的环节，它们是任何公司的重要健康指针。任何发展中的业务，一定要让业绩达至正数的现金流。”

李嘉诚之所以重视现金流，是因为在这方面他是有过教训的。

在李嘉诚身边，一直保存着一个手表包装盒。他说："这里面没有珍宝，也没有秘密，但它却是一个教训。"

那是20世纪五十年代，李嘉诚创业之初。当时，李嘉诚开办的长江塑胶厂在生产塑料花。有一次，李嘉诚收到买家一张期票，他当时也没有现金，由于他讲诚信，就给原料供应商也开了一张期票。他希望到时候买家付款之后，他再把钱给供应商以兑现期票。

但是，事不凑巧，李嘉诚的买家没能按期兑现期票。而李嘉诚为了自己的信誉东拼西凑，可惜仍然没有凑足所需的钱数。由于他平时会随手把多余的硬币放在手表的包装盒里，而这些无意间积攒的硬币竟凑足了不足之数。这件事给李嘉诚留下了深刻的教训，所以在以后的商业活动中，他一直都很重视现金流。

李嘉诚说："我对现金流很留心，所以我有额外的资金。很多时候，我要随时做另一个行业，我都有这个机会。"俗话说"手中有粮，心里不慌"，对企业来说，手里握有现金，不但能应对突然出现的资金问题，而且在机会来的时候，也有余力进行投资。

可以说，现金流是企业活下去的命脉，但是有些企业管理者对现金流不够重视。他们的心思都在追求利润上，却忽视企业的现金流。无论企业的规模有多大、有多赚钱，如果对现金流不够重视，那么企业有可能在一夜之间倒闭破产。

1997年成立的农凯集团总资产200多亿元，能够快速调集137亿资金，拥有200多家分公司和4家上市公司，涉足的产业领域达几十个。这样的一家庞大的企业集团，可谓实力雄厚，表面看起来，它能够抵御任何风浪。

而这样一家实力雄厚的企业集团，却在一夜之间坍塌。从农凯集团发展轨迹来看，它主要是抓住了经济发展的机遇，如股票热、房地产热和高速公路热等几次偶然机遇，从而获得了丰厚的资本积累。但是集团只注重抓机遇，却忽视企业现金流管理。

随着农凯集团涉足的领域增多，由于缺乏对项目的评估和产业分析，集团资金分散，在一些项目上一次次被套牢，导致企业投资项目失败陷入资金困境。同时，企业为抓住机遇又需要投入大量的现金，最终因资金链断裂而导致失败。

可以说，几乎所有倒闭的企业都是因为现金流断裂而破产。从上面的案例中我们可以看到：虽说抓住机遇可以很快地将公司做大做强，然而，并不是所有的机遇都能盈利。同时，资产也不等于资金，只有资金才能盘活更多的资产。对企业管理者来说，企业管理是一门系统的科学，需要保持冷静，理性对待。

现在，我国的经济发展处于下行时期，企业倒闭的现象特别严重。而创业失败很大的原因，就是资金管理不当。那么，对创业者来说，如何管理企业的现金流呢？

（1）股权或期权支付。对创业企业来说，股权或期权支付很重要。因为企业里大部员工都是企业的股东，这样企业支付的现金会少很多。这不但减少了现金的支出，而且还把员工与企业的利益捆绑在了一起，提高了员工的积极性和主动性。

（2）非现金的置换。企业之间通过互换资源来节约企业的现金流出量。例如，京东与腾讯合作就是用股权置换彼此的资源与服务的典型案例。

（3）战略合作。企业之间的战略合作，可以实现优势互补，互利共赢。例如，两家企业，一家企业能提供服务，而另一家企业拥有大量用户需要更好的服务。如果他们分别去开发服务和客户，成本会非常高，而他们开展战略合作，都能节约大量的费用。

（4）租赁与购买。任何创业企业都需要一些固定资产投入，如果创业资金充足，购买肯定会比较划算。但是对于初创企业来说，面临着很多不确定性，不知道发展的结果会是什么样子，有些设备能租赁的话，还是租赁比较好。

（5）全职与兼职。全职与兼职各有优缺点，全职工作比较高效，但是成本高。兼职成本较低，但是不能保证高效。那么，对创业企业来说，当不知道是否需要一个全职时，招聘兼职是可取的。

对创业企业来说，现金为王，手里有多少钱，决定你能活多久。要知道现金对企业永远都是稀缺的，因为企业要做的事情会远远超过拥有的现金。因此，企业现金流的管理水平是决定企业存亡的关键。面对日益激烈竞争的市场，企业面临的生存环境复杂多变。提升企业现金流的管理水平，才可以合理地控制营运风险、提升企业整体资金的利用效率，从而不断加快企业自身的发展。

创业者应该知道的财务知识

初创企业所有的管理活动基本上都是建立在财务管理的基础之上的，因为离开资金企业就无法运营，而产品、销售、人力等企业运营的方方面面都与财务紧密相关，可以说“处处离不开钱”。创业者要想使初创企业的经营管理更加合理，走上正轨，就必须加强财务管理，而要做到这些，创业者自己就必须具有基础的财务知识。

对企业者来说，创办企业的最终目的是实现利润，这就离不开财务工作的指导和保驾护航。可见，财务工作在企业中至关重要，它包括基本的记账、会计、各种收入和支出的处理、银行和现金、票据、工商税务、投资融资等，如果创业者不懂这些方面的知识和技巧，那么会感觉处处被动。那么，创业者应该知道哪些财务知识呢？

一、现金流

对创业者来说，企业财务管理的重中之重，就是对现金流的管理。因为它是创业企业的命脉，决定着创业企业的生死存亡。所以，创业者要时刻保证公司的账上有不少于六个月的现金储备。因为，只要有现金在，企业就能存活；另外完成一轮融资的时间大概需要六个月，足够的现金储备，可以让创业者坚持到下一轮融资。

二、财务预测

财务预测不等于财务预算，财务预测是对公司未来的收入做比较切实的假设。在进行财务预测的时候，最好按“月”来计算，而不要按“年”来计算，按“月”会准确得多。财务预测不仅可以指导企业的日常运营，还能使一月、一年的计划顺利实现。

三、日常的财务工作

初创企业一般都没有专职的财务人员，那么创业者如何管理企业日常的财务呢？我认为要做好以下几个方面。

（1）日常例行性支出：票据统一整理之后，交给兼职财务做账。

（2）日常小额支付：如果是员工垫付的，要填写付款申请单，并粘上发票，定期把钱给垫付人。

（3）员工工资发放：通过银行划账。

（4）员工社保：通过网银转账。

（5）大额资金支付：通过网银支付。

（6）账务：由兼职的财务来做，然后由创业者核对。

（7）报税：由代理会计报税。

（8）收入：在网银上直接查看。

（9）开发票：由创业者来做。

为了更好地管理财务工作，创业者还要懂得以下专业财务术语。

（1）盈亏：就是总收入扣除所有成本之和的净利润或者净亏损。

（2）毛利：就是营收扣除生产成本之和的部分。

（3）固定成本与可变成本：固定成本是不会随着生产和销售的增加或者减少而变动的，如员工工资及房屋租金等。可变成本是那些会因为产量或者销量的变化而变化的成本，比如原材料、运费、包装成本等。

创业者还要学会看财务报表，基本财务报表有两个：资产负债表和利润表。

（1）资产负债表：资产负债表分为三部分，左边显示企业的资产，比如有现金、应收账款、固定资产等；右边的上半部分显示企业的负债，下半部分是资产减掉负债的差额，也就是股东真正拥有的财富。从资产负债表可以看出企业目前的财务状况到底是好还是坏。

（2）利润表：利润表分为两部分，一部分是企业的收入情况，包括主营业务收入和其他业务收入等。另外一部分显示了企业的费用情况。收入和费用的差额就是利润情况。因此，从利润表中可以看出企业的经营状况怎么样。

创业者之所以要懂一些基本的财务知识，是因为创业者树立正确的财务观念有利于做出科学决策。例如，资金的分配和使用，杜绝浪费以及是否需要融资，融资多少，等等。创业者懂财务知识就能对企业进行更好地管理，保证初创业企业经营活动的顺利进行。

创业者应该知道的税务知识

本杰明·富兰克林曾说过：“在这个世界上，除了死亡和税收以外，没有什么是确定无疑的。”可见税收的重要性。初创企业虽然多为中小企业，甚至小微企业，但是依然面临着税务问题。下面让我们看一个因为不懂税务而造成的惨痛教训。

王先生从1995年开始经营家具零售业务，经过十多年的发展，王先生由当初的一个门店发展成为一家地跨十多个省市的大型家具连锁零售集团。后来，王先生准备在香港上市。但是，在王先生的事业发展过程中，没有理顺股权关系，导致很多盈利的店面由王先生和他的亲属独资控股，无法合并入上市报表。根据估算，为将这些店面转入上市架构内，王先生不但需要承担合计2000余万元的税负，而且还要签署数十份股权转让协议。

税务无小事，创业者一定要重视税务问题。作为创业者，了解必要的税务知识至关重要。毕竟，对企业而言，合理地节约每一分钱，同时又保证安全，是关乎生死的大事。那么，创业者应该知道哪些税务知识呢？

一、技术入股少缴税

一些创业者拥有自己的技术专利，但是专利在提供给公司使用的时候，一般没有明确说明专利属于何种方式使用。在这种情况下，建议创业者将专利技术作价投入公司。这样做的好处就是，既可以改善公司的财务状况，减少投资时的资金压力，又可以将其计入无形资产，做合理摊销，增加成本费用，减少利润，少缴所得税。

二、电子商务减印花

根据国家税务总局的规定，在供需经济活动中采用电话、计算机联网订货、没有开具书面凭证的，暂不贴花。所以，企业可以通过网络订货的方式，节省印花税。

三、巧妙应对房产税

房产税是比较重的，企业如果将租金分解成三部分，即房租、场地租赁费、设备租赁费，并重新和客户签订合同，只对房租交房产税，就会节省大量费用。

四、存款少可迟缴税

企业申报以后就应该及时缴税，如果由于存款少可以申请迟缴。但是存款少到什么程度可以延迟？就是可动用的银行存款不足以支付当期工资，或者支付工资以后不足以支付应交税金。在这种情况下，就可以申请办理延期缴纳税款的手续。有一点需要注意，就是可动用的银行存款不包括企业不能支付的公积金存款、国家指定用途的存款、各项专用存款。

五、没有生意也要申报

在企业经营不理想的情况下，虽然没有纳税收入或者收益，也要按时纳税申报，就是所谓的零申报。零申报就是一个简单的程序，但如果不办理，税务机关可每次处以2000元的罚款。

六、企业创办时间很重要

根据税务规定：上半年开业的公司当年算一年免税，下半年开业的公司可以选择。如果两家公司一家登记在6月30日，另一家登记在7月1日，当在申请享受新办企业的税收优惠政策时，它们的命运是不同的。上半年成立的公司算当年已享受了一年的所得税优惠，明年开始缴纳所得税；下半年成立的公司，可以选择今年的利润先缴纳，明年再开始计算享受一年的所得税优惠。

七、重设流程纳税少

对于制造企业，可以设立自己的销售公司。企业先把产品卖给销售公司，由销售公司把产品推向市场。因为在生产环节要交纳消费税，而销售环节不纳税。所以，这样做就能给企业减少税费。

八、先分后卖纳税少

投资者投资一家企业，拥有一定的股权，如果企业发展得好，有盈利。投资者想要转让股权，这时候可以先把企业的盈利分了，然后再转让，这样就可以少缴税。

九、合同作废也纳税

企业在签合同时要注意，即使合同作废也要交纳印花税。所以，企业在签订合同的时候，一定要慎重。如果事先不能确定，就签订金额未定的合同，以免出现合同更换或作废时缴税的情况。

十、做善事也有讲究

企业在做善事的时候，与纳税也是有关系的。因为，企业对外捐赠的款项和实物，有可能被视同销售，要缴纳增值税。所以，企业在捐赠的时候，一定要取得符合税法规定接受捐赠的专用收据。

十一、处理意外需谨慎

企业的财物丢失与纳税也是有关系的，丢失的财物属于财产损失，要凭相关证明在公司的成本费用中列支。类似的意外也要这样处理，才能避免损失扩大。

十二、适用税率看进项

企业是一般纳税人时，销售图书的税率就是13%。但有一家公司是销售图书，并且是一般纳税人，税务人员却要求该公司按17%纳税。这是为什么呢？税务人员解释：该公司印刷图书的进项发票是17%，如果该公司适用13%的税率，那不成了缴13%抵扣17%？那税务上怎么平衡？使用税率只与产品有关，与进项无关。对于税务人员的解释，一定要三思而行。

十三、预收账款也要缴税

预收账款也是要缴税的，根据《增值税条例实施细则》第33条规定：预收款在发出货物时才产生纳税义务。“财税【2003】16号文”也强调：除了销售不动产，其他服务性业务的预收款不需要先缴纳营业税，在确认收入时再缴纳营业税。有些企业之所以交纳预收账款税，是因为对方要求开具发票。其实，收到预收款后，向对方开具预收款凭证就可以了。

十四、出租就不能免税

内资企业与外资企业所交纳的房产税是不同的，内资企业为12%，外交资企业为18%。但是，广东规定：外企新购置的房产可以享受免征房产税三年的优惠政策。

十五、多拿进项多抵扣

对一般纳税人来说，在企业进项上是可以抵税的。例如，购买办公用品，汽车加油等。所以，企业在采购物品时，尽量要求对方开具专用发票，这有利于企业节税。

十六、调取账簿不随意

根据《纳税评估管理办法》和《中华人民共和国税收征收管理法》的规定，税务机关在纳税评估约谈过程中不能调取企业的账簿资料查阅，在进行税务检查中可以经县以上税务局长批准，调取纳税人的账簿进行检查。如果企业遇到税务人员打电话要求将资料送到税务机关，根据以上规定，这是属于不合法的行政行为，纳税人可以拒绝。

十七、人走但申报不能停

企业的财务人员有时会变动，虽然财务人员离职，即使新的财务人员还没上岗，纳税申报也是不应停止的。否则，因为没有按时申报，就可能会被罚款。

创业者要懂得一些税务知识，这是很重要的事情，免得企业因触犯税法而被罚款，甚至影响企业的信誉和经营。

创业者应该知道的法务知识

据统计，我国的中小企业平均生存年限为3.5年，这固然有经营管理的原因，但是创业者的法律意识不强，导致企业在发展中触碰高压线而死亡的案例也屡屡发生。所以，创业者在创业之前，一定要知道一些法务知识，以免触犯法律，导致创业失败。那么，创业者要知道哪些知识呢？

一、要知道企业的形式以及承担的责任

创立的企业有不同的组织形式，如有限责任公司、合伙企业、一人有限公司、个人独资企业等，不同的企业形式创业者承担的责任是不同的：

有限责任公司：承担有限责任，一般情况下，公司成立后股东认缴的出资已经缴纳，将来公司亏损，就与股东无关了，股东最多就是将已经投资的资本损失掉，不会另外出钱替公司还债了。

合伙：普通合伙人无限连带责任。

个人独资企业：承担无限责任，如果企业将来的规模不会太大或不打算扩大，一个人投资成立小规模的企业，可以考虑个人独资企业。两个或多个人共同投资，可以成立合伙企业。

个体工商户：承担无限责任。

二、要知道一些基本的法律知识和宗旨

《合同法》：规范合同关系，约束合同双方，保证合同的遵守，维护双方利益，保障合同关系的稳定。

《劳动法》：规范企业的劳动制度，保障企业员工的权益，保证劳资关系的和谐。企业要用人、招聘员工，就必须了解一些劳动法律知识。企业用人制度一开始就规范健全，有利于防范风险，避免不规范用人可能引起的涉及高额赔偿费用的劳动纠纷。要建立完善的用人制度，从入职、在职到离职建立完备的流程，防止因没签劳动合同、没交社保、没按时支付工资等原因被员工投诉或起诉而造成损失。同时，创业企业特别是技术型创业企业，要注意与员工签订保密协议、竞业禁止协议等，以保护企业自身的权益和竞争优势。

《企业劳动争议处理条例》：解决企业和员工就劳动关系发生的争议，维护企业的稳定。

《反不正当竞争法》：规范企业之间的市场竞争，保护企业的合法权益，惩治竞争中的不正当手段。

《消费者权益保护法》：保护消费者的合法权益，规范企业的经营生产，保证企业的产品质量。

三、签订一份好的租赁合同

创业企业的办公或经营场所，大多数是租用的房屋。对创业者来说，签订一份能够保护自己的租赁合同很重要，至少合同中不能有猫腻，以免给将来埋下隐患。

四、要有一些基本的知识产权观念

创业者还会遇到一些知识产权问题，既不能侵犯别人的知识产权，又要建立自己的知识产权保护体系。这就需要创业者了解著作权、商标、域名、商号、专利、技术秘密等各自的保护方法。

在避免侵犯他人知识产权方面，创业者从开始创业就要打好基础，不要

投机取巧，避免企业发展起来之后出现麻烦。在保护自己知识产权方面，创业者要健全制度，防范侵权，及时申请专利、申请商标，或者著作权的登记，涉及商业秘密的要做好保密措施。

在近年来的创业浪潮中，一时间出现了很多创业企业。然而，随着时代的不断进步，法律体系的不断完善，创业企业在发展过程中，难免会遇到一些法律问题。这就需要创业者培养自己的法律素养和意识，多了解一些法律知识，千万不要抱着侥幸的心理，打擦边球。

第九章

定信念：创业是一种坚持

人生什么最难？坚持最难。有一个很有名的说法叫“一万小时定律”，意思是无论是什么事情只要你干够一万小时，就能成为这一领域的专家。这“一万小时”就是一种坚持。事业的成功源于坚持，创业也是如此。只有咬定青山不放松，永不放弃，才有成功的可能。

成功不是创业的唯一目标

在这个创业大潮涌动的时代，很多人走上了创业的道路。可能他们创业的初始目标都很简单，就是想获得财务自由，改变自己的命运。有很多人做到了，他们获得了金钱，也改变了自己的命运，可以说他们创业成功了。但是，成功就是创业的唯一目标吗？从当今一些伟大的创业公司来看，显然又不是，他们有更高更远的追求。

为什么这么说呢？如果把成功定义为创业的唯一目标，那么我们会看到很多创业者都成功了。在大街上，就算一个街角的餐厅老板、便利店老板，又或一个收废品的，他们都是创业者，只要他们做的时间长，成功获得了财富，就可以说他们是创业成功者。但是，要做一个成功的企业，却比较难。

其实，在中国的创业者的创业目标分为两类。第一类是为了获得财富，第二类是为了实现自己的梦想。不管是哪类目标都无可厚非，但是因为他们的目标不同，在创业过程中的行为模式会变得非常不同。这两种情况都会使创业者一旦实现目标，就容易自我满足，不再成长，结果可能不进则退，最终失败。

如果创业者视成功为创业的唯一目标，那么在心理承受能力上就没那么坚强，多数创业者在经历过一两次失败之后就没有了再战的勇气与信心，从而失去了创业的最佳机会。如果创业者把实现梦想作为创业的目标，那么他们无论失败多少次，仍然会爬起来，坚持奋斗。像马云一样，为了实现“让天下没有难做的生意”这一目标，他虽然经历多次失败，仍然不改初心，每次失败之后，他都能精神抖擞地再次投入战斗，直至成功。

马云在刚开始创立互联网公司时就经历过两次失败，一次是创办中国黄页，一次是在北京外经贸部创办中国国际电子商务中心。就是马云在创办阿里巴巴之后，也失败过多次。

1999年，阿里获得融资之后，飘飘然的马云把公司总部搬到美国，国内总部搬到上海。后来发现水土不服，又重新搬回杭州。

2000年的时候，阿里在海外疯狂扩张，运营成本居高不下，每月的开销是天文数字，而且没有分文收入。2001年1月，阿里银行账户余额不足1000万美元。这时候的阿里极度危险，不得不裁员、减薪，三个月后，阿里每月运营费从200万美元，缩减到50万，这才度过了危险期。

做雅虎中国，险失阿里控制权。据披露，当时雅虎准备持股份额高于35%，增强在阿里董事会的话语权，并不排除马云被驱逐出董事会的可能。这是马云在“收购雅虎中国”时，出让过多的阿里股权给雅虎而埋下的祸根。

收购口碑网整合失败，O2O机遇没抓住。口碑网整合失败，最大的后遗症是让阿里痛失O2O发展的战略机遇，让大众点评做大，现在成为腾讯抢夺O2O的重要支柱。

投资星晨急便失败，痛失物流发展战略机遇期。可以说，星晨急便的失败对阿里的影响是深远的，阿里巴巴的自建物流战略由此慢了几年，给京东靠自建物流配送做大提供了战略机遇期。

可以说，马云创办的阿里巴巴公司是非常成功的，然而在企业成功之后，马云仍没有停止创业的步伐。比如，他坚持创建阿里云，建立农村淘宝，收购中国肯德基业务，等等。可见，对于伟大的企业、伟大的企业家来说，成功并不是他们创业的唯一目标。

为了梦想而创业的人，他们的目标是远大的，他们是为大众服务的。有这样一个故事，IKEA（宜家）的创始人把他们生产的杯子定价1.5克朗的时候，一年才卖出70万个。当他坚持将价格降低到1克朗的时候，杯子一年卖出了1250万个。后来，IKEA创始人说过一句话：“凡是有利于百姓的，一定有利于企业。”创业者只要希望造福于百姓，事业就会越做越成功。好的企业就应该造福于老百姓，让更多人受益。

当年，马云还提出了一个惊人的口号，阿里巴巴要把全世界的商人联合起来，让天下没有不好做的生意。在2016年B20杭州峰会上，马云提出的eWTP（世界电子商务贸易平台）倡议中，其核心思想还是把全世界的商人联合起来。当记者问马云他说这句话的时候，别人是怎么看他的，马云说：“我觉得小企业你可以做到闷声发大财，企业这么大了，真正要发的大财是对社会的担当，你真正要做的是，如果今天我们这样规模的企业，还依旧在想着下个季度的利润、明年的收入，我是觉得我们愧对社会对我们的信任，我们今天所拥有的资源、技术和人才及全世界对我们的关注，这（是一个）可以改变很多事情，影响很多年轻人，让他们走向真正的致富。解决这个世纪一个重要的三大难题之一，就是贫困问题。我是觉得这是个责任和担当，也是个福报，你不能把它真的变成（现实），你今天挣了再多的钱，这世界上永远会有人比你更挣钱，然后钱怎么样呢，你挣了钱要拿去干吗？你能吃多少？你能睡多少？”

马云在这里提到了担当，这也是创业者对社会的责任。创业者在做事情时，应该想想如何回馈社会，如何造福于百姓。这也决定了创业者可以把事业做到什么程度，也决定了创业者的幸福感。

对创业者来说，当企业做大做强之后，能为社会、大众做很多事情。只有那些为了梦想而创业的人，才能以身作则、坚忍稳重、从不放弃，并且敢于实现目标。有了这样的特质，创业者就不用担心创业能否会成功，因为成功是水到渠成的事。所以，作为创业者，不要把成功当作创业的唯一目标，要多想一想创业的最终目标是什么。

梦想谁都有，但不是谁都能实现

每个人都有梦想，但不是每个人都能实现梦想。当你看到这句话是不是感到悲观？是不是觉得人生再不需要梦想了？如果你这样想，显然是你对这句话有误解。就像看到半杯水，悲观的人会说，唉！只有半杯水；而乐观的人会说，真好，还有半杯水。

对梦想也是一样的，悲观的人会认为就是有梦想，也不一定能实现；积极乐观的人会觉得，总有人能实现自己的梦想，我也可能。所以，我们还是要有梦想的，马云说过：“梦想还是要有的，万一实现了呢？”我们还要多问一问自己，为什么有人能实现他们的梦想，他们是怎么做到呢？

习近平主席在2016年新年贺词中说：“只要坚持，梦想总是可以实现的。”有梦想才有动力，坚持才能实现梦想。实现梦想并不容易，所谓天道酬勤，实现梦想需要我们坚持不懈，持之以恒。对创业者来说也是一样，创业源于梦想，而梦想的实现则需要坚持。马云曾做过以“梦想与坚持”为主题的演讲，向青年学子们分享了自己的创业故事。

马云说，创业者要首先给自己一个梦想。他回顾了自己创业之初的梦想，那是在1995年，他在美国第一次接触了互联网，他相信互联网将来一定会改变人们的生活。从此，他树立了创办互联网公司，让天下没有难做的生意的梦想。

他曾经找了24个人，向他们介绍互联网，并说明自己的梦想。但是遭到23个人反对，只有一个人支持。然而，马云经过思考以后，还是决定辞职创业。他为什么会这样呢？正如他自己所说："发现今天我回过来想，我看见很多游学的年轻人是晚上想千条路，早上起来走原路。晚上出门之前说明天我将干这个事，第二天早上仍旧走自己原来的路线。如果你不去采取行动，不给自己梦想一个实践的机会，你永远没有机会。"

当马云走上创业道路之后，创业并不是一帆风顺的，也遭遇了几次失败。但是，他都没有放弃自己的梦想，仍然坚持前行。他说："在互联网最冷的冬天，2001年、2002年的时候，我自己说从1995年以来开始创业，我已经有6年苦了，6年以来碌碌无为犯了那么多错误，反正我也没办法，后面6年继续干下去。再吃6年苦，甚至16年苦，一定把它做出来为止。"

现在阿里巴巴的市值亚洲第一，这都源于马云对梦想的执着。所以，马云认为，在创业的过程中，四五年以内，任何一家创业公司都会面临很多的抉择和机会。在每个抉择的过程中，你是不是还像第一天那样记住自己的梦想，这至关重要。

马云告诫青年学子，创业者要记住梦想与坚持，在没有条件的时候，只要你有梦想，只要你有良好的团队坚定地去执行，你是能够走到梦想的彼岸的。

马云在创业过程中，所走过的路，都是和梦想、坚持分不开的。所以，创业需要梦想，更需要坚持。创业的"业"，是一种信念，一种梦想，这种信念与梦想是创业者创业的动力。"业"同时也是一种坚守，不管遇到什么困难，创业者都不会放弃自己所坚持的梦想。哪怕失败无数次，心中仍坚持对自己所做事情的热爱，只有这样才可能取得创业的成功。

马云还说过“梦想、学习和坚持”是成功必备的三个要素，这也是阿里巴巴和他成功的秘诀。在梦想之外，坚持是马云最看重的一点。所以他说：“很多人比我们聪明，很多人比我们努力，为什么我们成功了，我们拥有了财富，而别人没有，一个重要的原因是我们坚持下来了。”他认为，有的时候傻坚持要比不坚持好很多，如果空有理想，没有坚持，理想可能变成一种痛苦。

人生痛苦的事情也许是由于梦想无法实现，有的人创业过程可能在经历一两次失败之后，干脆放弃了梦想。有句话说：“别和我谈梦想，戒了！”这就是对梦想无法实现的绝望。要知道，梦想哪有那么容易实现。梦想的实现离不开坚持，就像河蚌忍受了沙粒的磨砺，才能孕育出美丽的珍珠；顽铁经过千锤百炼，才能炼就成锋利的宝剑。豪言壮语虽然振奋人心，但是只有坚持才是走向成功的台阶。

我们都知道“铁杵磨成针”的故事，也知道“水滴石穿，绳锯木断”的成语，它们都说明了一个道理，那就是要想成功必须坚持不懈。虽然说梦想谁都有，但不是谁都能实现的。成功的人都是有梦想的，更有对梦想的坚持。对创业者来说，既然选择了创业，就说明自己是有梦想的。有了梦想再加上自己的坚持不懈，那么下一个实现梦想的人可能就是你。

逆流而上，选择一条不同的路

当今，在主流价值观的影响下，人们往往会选择一条相对容易的路，没有人愿意选择一条不同的道路，给自己找麻烦。但是，作为创业者，尽量要选择一条与众不同的路。因为，要创业就要有所创新，如果跟在别人后面跑，不要说吃肉了，可能连汤都没得喝。

如果创业者都一窝蜂地在一个领域内创业，千军万马过独木桥，失败的可能性会更大。很多成功的创业者，都是独辟蹊径，选择与众不同的道路。当成功的时候，他们已经站在行业的前列。走不同的路，竞争更少，更容易取得成功。然而，选择不同的路，因为没有经验可以借鉴，只能摸着石头过河，它更需要有信念和坚持。其实，马云在创业的过程中，很多时候他选择的是不同的路，这也是他成功的一个重要原因。

1999年，马云创建阿里巴巴时，他们准备做一个电子商务网站。一开始，在他的创业团队中有人主张做B2C，有人提出做C2C。因为这两个是当时很多互联网公司都在做的。但是，马云决定做B2B。然而，他的团队对马云的决定并不认可，都觉得他这个想法不太可能实现，因为当时互联网上还没有这种模式。但是马云却说：“如果一个想法80%的人都说好，那么你可以直接将它扔进垃圾桶。如果大家都想得到，别人能比你做得更好，你还做什么？”由于马云坚持做B2B，阿里巴巴获得了成功。

2009年，云计算的概念很火，但是由于没有经验，再加上技术上的难度，在中国没有一家公司做这个事。2010年的时候，百度的创始人李彦宏说云计算是新瓶装旧酒。腾讯的创始人马化腾说，概念太超前，还要等一千年。在这个时候，马云却创建了阿里云计算有限公司，做云计算研究。开始投入很大，却没有效果。阿里巴巴内部很多人对阿里云没有信心，不知道阿里云有什么价值。

2012年，阿里云内外交困，阿里巴巴的其他高管都在质疑阿里云。在这个时候，马云说话了，他说：“我每年给阿里云投10个亿，投个十年，做不出来再说。”然而，到了2016年6月，美国五大投行之一的摩根士丹利发布报告称，阿里云的估值已经高达390亿美元，并且该行预估，阿里云未来5年内营收将突破185亿美元。到2020财年，阿里云将成为阿里巴巴集团的最重要的营收支柱之一，成为继电商、支付之后的第三个增长极。这次又证明了马云的正确。

马云独特的思维方式，让他选择了一条与众不同的创业道路，用“不走寻常路”这句广告词来形容马云可以说恰到好处。他敢于特立独行，敢想敢干，这两点是马云成功的关键。马云的创业精神，就是那种敢于干大事、做品牌、闯天下、不走寻常路的精神。所以，只有选择不同的道路才更容易成功，才能用最低的成本来获得最高的效益。

在创业过程中，选择一条不同的路，关键要有眼光。近代红顶商人胡雪岩说过一句话：“如果你有一乡的眼光，你可以做一乡的生意；如果你有一县的眼光，你可以做一县的生意；如果你有天下的眼光，你可能做天下的生意。”马云在一次演讲中，就引用了胡雪岩的话开场，他说：“生意越来越难做，越难做越有机会，关键是你的眼光。你的眼光看到一个省，你做一个省的生意；你的眼光看到全中国，你做的是全中国的生意；你的眼光看到全世界，你就有机会做全世界的生意；你的眼光看到今天，你做今天的生意；你的眼光看到十年以后，你做十年以后的生意。所以生意关键在于眼光（Vision）。”眼光决定思维，思维决定行动，行动决定结果。所以，有什么样的眼光，就有什么样的结果！

对创业者来说，独到的眼光，反其道而行之，能在激烈的市场竞争中，创造出出奇制胜的效果。

一般来说，经营酒店的人，都希望顾客能多喝酒，这样才能多赚到钱。然而德国有一家酒店，却反其道而行之，明确规定绝不让顾客醉酒。这家酒店供应的各种酒，都是经过特殊处理的，虽然香醇可口，但是含酒精度很低，顾客即使开怀畅饮也很少会醉酒。结果这家酒店吸引了很多顾客，而且回头客相当多。就是那么特别厌恶丈夫醉酒的妻子，也很喜欢这家酒店，有的还经常陪丈夫来就餐。

创业过程中，你做的事情和别人相同，结果可能也跟别人一样。对创业者来说，别人做什么，不一定你也要跟着别人做一样的。逆流而上，选择一条不同的路，坚持做下去，才有可能获得意想不到的成功。

远离人生的舒适区

想要创业，就要远离人生的舒适区，直面挑战！开始离开舒适区，肯定会感觉不舒服、痛苦，我们要做的就是坚持，再坚持！

那么，什么是舒适区呢？舒适区指的是一个人所表现的心理状态和习惯性的行为模式，人会在这种状态或模式中感到舒适。在这个区域里，每个人都会觉得舒服、放松、稳定，因为局面能够掌控，因此很有安全感。一旦走出这个区域，人们就会感到别扭、不舒服，或者不习惯。

其实，我们每个人都习惯待在舒适熟悉的环境里，一旦这个舒适区建立起来，我们就会在里面悠然自得，对这个环境越来越依赖。电影《肖申克的救赎》中有一句台词：“刚入狱的时候，你痛恨周围的高墙；然后你逐渐地习惯它，足够的时间后你开始依赖他，这就是体制化。”即使在监狱这种环境里，一旦犯人适应了，它也能变成他们的舒适区。

但是，舒适区本身没有问题，就像家一样，温暖舒服，每个人都有。如果舒适区像四周的高墙一样，把我们围在里面，使我们看不到外面熙熙攘攘的世界，也使我们放弃了去外面世界看看的梦想，那就太可惜了。那么，什么力量才能促使我们离开舒适区呢？还借用《肖申克的救赎》中的台词，那就是“不要忘了这个世界上还有可以穿透一切高墙的东西，它就在我们的内心深处，人们无法达到，也触摸不到，那就是希望。”

新东方创始人俞敏洪在一次演讲中说：“走出人生舒适区，才能成功。”在刚创业时，俞敏洪根本没想到新东方能发展到今天。在回顾他的创业历程时，他认为对他影响最大的是尝试着离开北大，不再混日子，从此走出了人生的“舒适区”。

俞敏洪北大毕业之后，留校任教。在他当老师第七年的时候，他开始教专业英语，这个任务对他来说是比较轻松的。因为专业英语每周只上四个小时的课，在周一的时候他就把四个小时的课上完了，剩下的时间，他就到处旅行，或者是睡觉，或者到图书馆看书。

并且，每年暑假两个月，寒假一个月。他觉得这样混下去，就可以变成一个副教授，然后再读个硕士博士，就可以变成三级教授，然后以低价在北大买套房子。但是，他知道人还是要进步的，他不想这样混下去，怕在一个舒适的环境中待得久了就不愿意动了。

他认为，人有两条路可以走，一是往广处走，也就是说一辈子哪怕个人没有什么太大的成就，但是你可以走遍全世界。二是往深处走。可以让一生的泉水不断地冒出来，这也是生命成就。有了这些想法，他就决定从北大走出来，走出舒适区，后来他就创立了新东方。

在现实中，很多成功的创业者，都是离开人生的舒适区之后，经过个人的努力奋斗，取得了辉煌成就。例如，马云是辞去杭州电子科技大学职位创业，许家印从河南舞阳钢铁厂辞职后，南下深圳，从业务员做起，直到创立恒大集团。像他们这样创业的例子有很多，他们都是离开人生的舒适区，到未知的领域打拼。

但是，这并不是说离开人生舒适区，就要去辞职。相反，我们应该有一份维持生存下去的工作，然后不要让舒适的环境给自己造成束缚，更不要让舒适区毁掉自己的青春。我们要趁着青春年少，走出舒适的生活，到外面去多看看。要知道故步自封的人，舒适区会越来越小，也许有一天，你醒悟过来时，你会发现这个世界已没有容身之地。真正的强者，是有希望和梦想的人，他们敢于冲破舒适的“牢笼”，能够勇敢地出去闯一闯。

然而，离开人生的舒适区也不是那么容易的。当人们离开自己熟悉的环境，就会觉得不习惯、不舒服，甚至痛苦，这也是很多人不愿意离开舒适区的原因。那么，我们怎么做才能远离人生的舒适区呢？有四个建议。

一、集中注意力

当我们离开舒适区的时候，会对新的环境感到不适，这时候要做好注意力转移，就是分散注意力，使其他事务占据大脑的思维空间。

但是，要彻底清除头脑中的杂念是不可能的，而集中注意力，会使思维变得清晰。一旦你把注意力集中在一件事上，大脑就会有意识地忽略其他事情。也就是说，当你需要集中注意力，最小化不适程度的时候，就要清空大脑。

二、找到不适原因

要找出不适的原因，关键在于要意识到这种改变是从哪儿来的，你才能正确认识它并适当应对。这会带来更大的利益，正如一位营销大师所说：“不适带来承诺与改变。不适意味着你正在做其他人不会去做的事，因为他们都躲在各自的舒适区中。当你克服不适的行动带来成功时，组织会奖励你，回馈给你更多利益。”

三、自省

想一想自己曾经战胜不适的经历，可以给你自己庆祝一下曾经取得的小小胜利，并提醒自己，真正使人变好的选择都不会太舒服。

四、采取决定性措施

也许你有许多事情想做，许多想法想去尝试，你想通过自己的努力奋斗去实现它们，但是不适、恐惧或不确定性会是你的阻碍。这时候你需要直接投身其中，让自己全身心投入。这可能会带来更大的压力，不过要突破自己，没有比这更好的方法了。

为了实现自己的想法，就要大胆勇敢地去做，不要怕风险。马克·扎克伯格曾说："最大的风险是不承担任何风险。在变化如此迅速的社会里，不承担风险是注定要失败的。"

离开人生的舒适区是不容易的，需要毅力和坚持。之所以不容易，就是因为在这个过程中充满痛苦，一直要跟舒适区做斗争。很多人抗拒不了舒适区的诱惑，自然也无法得到想要的结果。工作和生活也是这样，不经过努力，是不可能获得成功的。

工作是一件愉悦的事

在很多人的印象中，工作不是一件愉悦的事情。他们认为工作辛苦，收入低，做起工作来没有丝毫的热情与快乐。工作真不是一件让人愉悦的事情吗？这主要取决于我们怎么看待自己的工作了。

比尔·盖茨说过：“如果只把工作当作一件差事，或者只将目光停留在工作本身，那么即使你从事最喜欢的工作，你依然无法持久地保持对工作的激情。但如果把工作当作一项事业来看待，情况就会完全不同。”之所以会觉得工作枯燥、乏味，是因为这些人把工作当成了谋生的手段，甚至看不起自己的工作。只有把工作当成自己事业的人，才会在工作时迸发出无尽的热情与活力，同时，也能最大限度地发挥出自己的潜能。

美国曾经有一个工人，他的工作就是做螺丝钉，日复一日地在车床边做螺丝钉。刚开始他很不喜欢自己的工作，感觉工作枯燥、乏味，更没有乐趣可言。为此他去找老板，要求调换工作，但老板不同意；他又想辞职，但是也行不通。

但是他并没有自暴自弃、怨天尤人，他要找一个积极的办法，使工作不再单调乏味，而是变得快乐起来。经过考虑，他决定和工友开展比赛，看谁做得又好又快。和工友商量后他们就开始实行，这个方法很有效果，他再也不觉得工作像以前那么枯燥乏味了，而且工作效率也大大提高。

很快，他就被晋升到新的工作岗位。以后，在每一个工作岗位上，这个工人都做得很认真。最后，他成了这个厂的厂长。他就是萨姆尔·沃克莱，是著名的鲍耳文火车制造厂的厂长。

从这个故事中我们可以看出，工作并不都是枯燥乏味的，只要用心去找，总能发现工作乐趣的，这样工作就变成了一件愉悦的事情。其实，工作的愉悦与否，关键在于心态，心态不同，对事物的看法就不同。

所以，由于心态的不同，人们对工作的态度也是不同的，有人会觉得工作很枯燥，而有的会觉得工作充满乐趣。那么，怎样才能让工作充满乐趣呢？就是把工作当成自己的事业。就要像萨姆尔·沃克莱一样，把工作当成自己的事业，工作就会变成愉悦的事情，并且也能从工作中得到更多的快乐。当然，工作没有白做的，你的付出总会有回报。

有这样一个故事，有三个石匠在工地上干活，整天对着石头敲敲打打。一个过路人问他们，敲打这些石头做什么。其中一个石匠说，我在做苦力挣钱养家糊口；另一个石匠说弄的石料是为了做房子；第三个石匠兴奋地说，我是在建筑一座伟大的教堂。

几年过去了，三个石匠走上了不同的人生道路。第一个石匠在不同的工地上打工，仅挣一点养家糊口的钱。第二个石匠要好一点，在工地上做了工头。第三个石匠则成为建筑师，设计不同的房子。

之所以造成三个人不同的命运，就是因为他们对自己工作的心态不同。

第一个石匠把工作当作自己谋生的方式，他游走在不同的工地就为了挣一口饭吃。第二个石匠也没有对自己的工作有多少热情，仅仅是为了把自己的工作做好。而第三个石匠则对自己的工作充满热情，把工作当成愉悦的事情，结果他取得了更大的成就，得到了最好的人生回报。著名心理学家马洛斯说过：“人类最美丽的命运、最美妙的运气，就是做自己喜爱的事情同时获得报酬。”

在生活中，我们自己或身边的人，常常对自己的工作苦大仇深，提不起丝毫兴趣，仅仅把自己的工作当成谋生的手段。所以，几年过去了，我们可能还在职场上流浪，即使我们换不同的公司，换再多的工作，如果不能把工作当成愉悦的事情，那么结果都是一样的。只有我们对自己的工作充满热情，在自己的努力之下，不断取得进步，我们才会有成就感，并提升自己的信心。这样我们的职业幸福感也会越来越强，这时候工作对我们来说，不再是一件枯燥乏味的事情，而是一件快乐的事情。

工作是能给我们带来快乐的，可能有的人会认为不工作的日子会很轻松。但是，不工作带来的无聊与空虚是让人难以忍受的。无聊与空虚会给人带来更多的痛苦，所以工作虽然占据了我们的时间，但是会使我们的内心和思想充实，能让我们体会到成就感和兴奋感。

其实，创业也是一样，创业面对的是更加艰辛的工作。如果对自己的工作没有兴趣，没有激情，体会不到工作的乐趣，那么创业怎么能坚持下去呢？马云说过：“创业需要激情，而且只有短暂的激情还远远不够，它需要持久地支持着创业者的灵魂。”由于马云对自己的工作充满激情，充满愉悦，所以无论他遇到多少困难和挫折，都能坚持着一路走下去。

所以，无论是上班还是创业，我们都要充满愉悦感，因为工作是生活的一部分，是我们实现自我价值的方式。

把一切不可能变成可能

很多创业者，他们当初的想法在别人看来是不可能实现的，但由于他们的坚持，最后却成功了。所以，有人说，创业就是要坚持，把一切不可能变成可能。

成功的创业者都是把不可能的事情做成了。可能他们所做的事情无论是在亲戚朋友那里，还是在投资者那里，都被认为是疯狂的事情，是不可能实现的。如果没有他们当初的自信、没有他们的坚持与执着，那么他们的梦想就永远只是一个想法，就不会有以后的成功。

德国有一个加工棉被的小企业主，由于运输成本的增加，他赚的钱越来越少了。因为棉被制成后很蓬松，占用了很多空间，造成了他的无利可图。后来，他就想能不能把棉被压缩到最小，这样既不占空间，又能节约运输成本。

有了这个想法以后，他就着手进行研究。开始时他采用了重压法，就是在棉被上压重物，这种方法虽然有利于储存，但是在运输中其重量会大大超过棉被。后来，他又试着用绳子捆绑，但是效果也不好。

一次，他在一个庆典上看到一个巨大的气体拱门在放气后能装在一个不大的背包里。这时他就想，能不能想办法抽掉棉被里的空气，这样就有可能把棉被装进一个小袋子里。于是，他就开始研究怎么把棉被里的空气抽出来。他试着把棉被装进一个加厚的透明包装袋内，封口之后，再进行重压，抽掉里面的空气，从而形成了真空。这样做的效果很好，他把这种可以抽掉空气的包装袋进行了推广，受到广大棉农们的欢迎。他从销售这种真空包装袋上赚了不少钱。

后来，他又研制出了世界上第一台泵式真空包装机。这给食品、运输等很多领域带来了方便，很快就被很多厂家接受。在不到两年的时间里，他所生产的真空产品销售到世界上很多国家和地区。这家企业就是闻名世界的德国莫迪维克真空包装机生产厂。

很多时候创业就是一种创新，这种创新可能只是创业者当初一个不经意的想法，这种想法在别人看来也许是不现实的，但是创业者对他们自己的想法是充满信心的，所以他们能坚持着不断去尝试，不断地改进，直至成功。

把不可能的事情变成可能，首先创业者要有信心，相信自己的想法是能够实现的。所以，要成为一个成功的创业者，必须在创业的过程中有坚定的信心，并有毅力和决心达到目标。

同时，创业者想要把不可能变成可能，还要把自己的想法付诸行动。因为事情是做出来的，而不是想出来的。即使你有很好的想法，如果不付诸行动，那也只是一场空想。可以说，想法加行动是成功的重要因素。

博迪曾是一名法国记者，他由于患病而四肢瘫痪，不能说话也不能动手，只有左眼可以动。但是，他决心要把他患病之前构思的作品完成。

这件事对他来说是很困难的，因为他只会眨眼，所以就通过眨眼与助手沟通。他的助手每次都是按顺序读法语的常用字母，当读到他需要的字母时，博迪就眨一下眼。就这样，博迪一个一个字母地向助手传达他的稿件，最后由助手抄录出来。但是，由于博迪是靠记忆来判断词语的，有不准确的地方还需要查词典，所以他的助手一天只能录一两页。可以想象，这是多么艰难的工作。

然而，经过几个月的努力，博迪终于完成了他的这部著作，这本书的名字叫《潜水钟与蝴蝶》。为了写这本书，博迪共眨眼二十多万次。博迪的事迹还被拍成了电影，搬上了荧幕。

这个故事中，博迪就是把别人看来不可能的事情，通过自己的行动变成了可能。有这样一个故事，一个小和尚因为嫌庙小要到大庙里去，而他的师父说不用去大寺庙，我们也可以变成大寺庙。在师徒两人的努力之下，他们的庙不仅变成了大寺庙，还成了名寺。后来，师徒两人有一段对话，徒弟说，以前我认为变成大庙是不可能的，没想到，现在成了可能。师父就问他为什么，徒弟说是因为我们一直在动手做。师父就对徒弟说，世上没有办不到的事，只要肯动手，一切都能成为现实。在没有动手之前，千万不要说不。

对创业者来说，有梦想，更要付诸行动，因为动手做是把梦想实现的唯一条件。但是，做也要有耐心和毅力。马云说过："创业确实艰难，大部分人都死在不坚持的路上，但只要坚持总会有机会走出来。"

一些创业者在别人看来就是疯子和傻子，因为他们所做的事情是别人无法理解的，他们可能会遭到周围人甚至亲朋好友的反对。所以创业者必须有信心、必须坚持，不然别人说一些反对的话，自己的立场就动摇了，这样肯定是不会成功的。

永远，永远，永远不要放弃

创业是一个艰苦的过程，不可能一蹴而就，也不可能一帆风顺。在创业的路上，总会遇到困难与挫折，创业者有时候会感到孤独、迷茫，有时候会面对是坚持还是放弃的选择。

但是，我们也会发现，凡是成功的创业者，他们都有一种永不放弃的精神。了解马云创业经历的人都知道，在马云的创业道路上，永不放弃一直伴随着他。“永不放弃”是马云座右铭之一，据说在给人签名时马云写得最多的是“永不放弃”这四个字。后来，马云在总结他成功的原因时说：“我觉得就是永不放弃，没有放弃。”可以说，不放弃是成功人士必备的素质之一。

肯德基的创始人桑德斯创业的时候已经65岁了。那时候他很穷，身无分文，靠政府的救济金过活。有一次，他领到了105美元的救济金时，突然意识到他不能这么活下去，他要去做点事情。

有了这个想法之后，他就开始思考自己能干什么。后来，他想到自己有一个炸鸡秘方，很多人都喜欢吃他的炸鸡块，他就决定用这个炸鸡秘方创业。虽然说他有了创业项目，但是创业对一位65岁的老人来说是不容易的。他没有别的资源，唯一拥有的就是这个炸鸡秘方，他想自己做，但是力不从心，于是他决定找合伙人。

为了找到愿意和他合伙的人，他一家挨一家餐馆地把自己的想法告诉别人。然而，没有人听他的，人们还对他进行冷言冷语的嘲讽，甚至还不等他说完就已经被赶走了。没有人相信他，但是桑德斯一直没有放弃，他相信自己的想法可行。

就这样，桑德斯在人们不理解他的情况下，以顽强的毅力前行。他跑遍了整个美国，见人就给人家介绍他的创业项目和创业计划。在他向别人述说了1009次后，终于有人接受了他的想法。现在，肯德基已经遍布全世界。

桑德斯的成功在于他永不放弃的精神，无论别人怎么不理解他，怎么打击他，他都不改自己的初衷。真格基金的创始人徐小平说过："创业者是永远不会失败的，除非他放弃或消失。一次性成功当然最好，但即使乔布斯，也曾经被他自己创建的苹果开除过。"其实，很多成功的创业者都是如此，当他们面对失败的时候想的不是放弃，而是迎难而上，百折不挠，一直坚持到最后的成功。

在创业过程中有一个想法并不难，难的是在具体的实践过程中坚持下来。因为创业的路不是一马平川，而是布满荆棘的，甚至会泥泞难行，这都需要创业者有永不放弃的精神。如果缺乏这种精神，即使你有再好的创业项目，再完美的创业计划，再好的创业条件，创业也不可能成功。

不仅在创业领域，在很多事情上也需要这种精神。有一次丘吉尔被邀请到一所学校去演讲，他就说了一句话："永远，永远，永远不要放弃。"准备听他演讲的学生都感到失望，而该校的校长却认为这是丘吉尔最伟大的演讲之一。这句话正体现了丘吉尔坚持不懈的精神，而且他也从来没有放弃过。在“二战”最艰难的时刻，正是丘吉尔的这种精神鼓舞着英国人民不断地对德国法西斯继续战斗，直至胜利。

有句话说得好：“成功根本没有什么秘诀可言，如果真的有的话，就是两个：第一个就是坚持到底，永不放弃；第二个是当你想放弃的时候，回过头来看看第一个秘诀：坚持到底，永不放弃。”在生活中，很多人在做事情时，一遇到困难就容易产生放弃的念头，所以大部分人不能成功。只有少数人有永不放弃的强烈信念，他们往往都走向了成功。

美国有一个小男孩，在他9岁那年差点被洪水冲走，是母亲救了他。经过这次事件后，他对人生有了更深刻的理解，在他幼小的心灵中种下了传播知识与文明的梦想。他小学毕业后，因为他所在的州中学不招收黑人，他不得不到芝加哥去念书。由于家里穷，他母亲就给人洗衣、做饭为他攒学费。

他到芝加哥以后，学习很努力，中学毕业后他以优异的成绩考入大学。为了求学，他吃了很多苦，但是他的梦想一直支持着他前行。后来，他开始创办杂志，由于缺少资金，为了借贷，他母亲把最心爱的家具抵押了出去。结果，他创办的杂志获得了成功。

在他创业的过程中，也经常遇到困难，他甚至想放弃。这时他母亲对他说：“无论何时，只要你努力尝试就不会失败。”就这样，在母亲的鼓励下，他渡过了重重难关，终于登上事业的巅峰。这个男孩就是美国有名的《黑人文摘》创始人、约翰森出版公司总裁、拥有三家无线电台的约翰·H. 约翰森。

约翰森的故事给我们的启示是：只要永不放弃，坚持和命运搏斗，就有成功的希望。成功只属于那些持之以恒、付出努力的人。每个人都希望自己的生活能够一帆风顺，然而一帆风顺只是一种美好的愿望，在生活中总会遇到一些沟沟坎坎，没有人能躲得过。当遇到困难的时候是坚持还是放弃？面对这个问题，不同的选择会成就不同的人生。放弃很简单，只需要一个念头，而坚持则需要坚强的信念。放弃了，就从此与成功绝缘，只能成为别人成功的旁观者；坚持了，就有成功的希望，可能会成为别人羡慕的对象。

对创业者来说，要想创业成功，就要像马云、桑德斯、约翰森那样认准目标，持之以恒，永不放弃。即使一千次倒下，也要一千零一次地站起来，永远不放弃自己的追求，不怕失败，不向命运低头，那么你就有创业成功的希望。永远，永远，永远不要放弃，坚定地走下去，过了山重水复疑无路，就会迎来柳暗花明又一村。